Et si on était bienveillant

Du même auteur

Le Masque et les Plumes, Carrère-Lafon, 1986.

Au bonheur des âmes, Stock, 1995 ; Denoël, 1997.

Isatis, Denoël, 1997.

Carnet de notes, Le Cherche Midi, 2001.

Destins croisés, Mango sport, 2004.

Vitriol Menthe, Oh ! Éditions, 2005 ; Pocket, 2006.

Putain d'audience : la réalité de ma télé, Florent Massot, 2006 ; Le Livre de Poche, 2007.

Le Plus Grand Cabaret du monde, Flammarion, 2008.

Tu m'appelles en arrivant ?, Florent Massot, 2009 ; Pocket, 2010.

Une révolte, pas une révolution, Florent Massot, 2010.

Nos plus belles années, Michel Lafon, 2010.

Dehors il fait beau… hélas !, Oh ! Éditions, 2011 ; Pocket, 2012.

Les joyeux guérissent toujours, Oh ! Éditions, 2012 ; Pocket, 2013.

Comme un poisson dans l'herbe, XO Éditions, 2013.

Inéluctable, XO Éditions, 2013.

Même que ça s'peut pas, XO Éditions, 2014.

Le Vrai Goût des tomates mûres, XO Éditions, 2016.

Le Bonheur n'est pas interdit, XO Éditions, 2017.

Sous le pseudonyme de Joseph Lubsky :

La Cellule de Zarkane, Florent Massot, 2007 ; Le Livre de Poche, 2009.

Patrick Sébastien

Et si on était bienveillant

XO ÉDITIONS

ISBN : 978-2-37448-114-2

LA BIENVEILLANCE

C'est lorsqu'un sourire est le reflet d'une larme,
Quand le son d'un «je t'aime» recouvre un bruit d'alarme.
C'est un jour partagé, c'est une main tendue,
Un reproche avéré que l'on a retenu.

C'est se voler du temps, des minutes, des heures
Pour donner tout autour du soutien, des chaleurs.
C'est comprendre, écouter, c'est écrire une lettre,
Même quand on a froid, laisser la porte ouverte.

C'est mentir au mourant, inventer un demain
À celui dont la nuit n'aura pas de matin.
Soutenir, secourir, et les yeux dans les yeux
Quand l'autre est à genoux, être debout pour deux.

C'est se dire qu'on n'a rien d'un saint ou d'un apôtre
Mais qu'il est juste humain de s'occuper des autres,
Que Dieu fait ce qu'il peut, mais qu'il est débordé,
Que c'est à nous de faire ce qu'il a oublié.

Et si on était bienveillant

Ce n'est pas forcément être miel et douceur,
Il faut parfois forcer les serrures du cœur,
Aimer par effraction, être juste et sévère
Pour remettre à l'endroit ceux qui pleurent à l'envers.

C'est élever la voix pour élever l'enfant
Quand les mots murmurés ne sont pas suffisants,
Le gronder quelquefois pour ne pas qu'il s'égare,
Pour qu'il prenne son train sans se tromper de gare.

C'est commander, trancher, c'est avoir du courage,
Juste s'apitoyer peut n'être qu'un outrage.
Bousculer les acquis, réveiller les consciences,
C'est aussi la mission de toute bienveillance.

C'est prévoir, prévenir, toujours anticiper,
Construire des ponts-levis avant d'être cerné,
Pour l'homme qui se noie, ne jamais oublier
Qu'on aurait dû avant lui apprendre à nager.

Ce n'est pas se voiler de nos deux mains la face
Et détourner les yeux au reflet dans nos glaces.
Il n'est de pire miroir que le malheur des autres,
En faisant leur bonheur, on fabrique le nôtre.

C'est aimer bien plus loin que le bout de son cœur
Oublier sa fierté, oublier ses rancœurs,
C'est ne pas condamner même le détestable
Il n'est de vrai pardon que pour l'impardonnable.

C'est ne pas jalouser, ni les rois ni les forts,
Avoir de l'indulgence pour leurs abus, leurs torts,
C'est se dire que chacun a droit aux fausses routes,
C'est n'être sûr de rien, si ce n'est de nos doutes.

C'est aussi s'aimer soi, ne pas se flageller
À la moindre fêlure, aux amours barbelés,
Se garder de l'estime, hors du regard des autres
Parce que celui qui compte avant tout c'est le nôtre.

Si tu es bienveillant, tu vivras l'âme en paix
Même à contre-courant de la réalité.
Le monde est lâche et fou, cynique, impitoyable,
Il est si pauvre en anges, et tant peuplé de diables.

Le mal est à la mode et les fourbes sont rois
Ne pas s'y aliéner est un chemin de croix
Et on peut s'épuiser à chaque main tendue
De croiser des ingrats qui lui crachent dessus.

Ne lâche pas, insiste, et surtout n'oublie pas :
Ce que tu offres aux autres est un cadeau pour toi.
Comprendre, aimer, sourire, assister, partager,
Ne pas tout réussir mais du moins s'efforcer.

Tout ce que j'écris là ce ne sont que des mots
Que je n'applique pas, chaque jour, loin s'en faut.
Mais je fais de mon mieux, et déjà, d'en parler
Est un tout premier pas vers plus d'humanité.

Alors juste un conseil, une dernière phrase,
Ce que tu dois offrir à celui que tu croises :
Une épaule pour rire, une autre pour pleurer
Et quand survient le pire, les deux pour le porter.

INTRODUXION

Avec une fôte d'orthographe, je sais. Et une autre en prime pour parachever l'imposture. Je l'ai fait exprès, bien sûr. Afin de faire le tri sélectif, d'emblée. Entre les suspicieux et les bienveillants. Parce que l'obligation première de la bienveillance dont je vais te parler tout au long de ce livre est de ne se soumettre à aucun a priori.

Le suspicieux a dû se dire :

— Introduction avec un « X ». Ça commence bien ! C'est peut-être une coquille. Je pense plutôt que c'est une faute grossière de l'auteur. Ce qui ne serait pas étonnant, vu le niveau des textes de ses chansons. Je crois que je vais m'arrêter là !

Le bienveillant a souri :

— C'est une fantaisie de style, c'est sûr ! Attendons, il va sûrement nous expliquer.

Voilà, c'est fait ! L'a priori est caduc. Et le suspicieux hors jeu. Tu avais raison d'être bienveillant, toi mon lecteur fidèle. Tu me connais si bien. Toi qui me luis autant que tu me lis. Toi qui mets de la brillance dans ma vie quand je te croise au hasard. Et qui, en accompagnant tes mots d'un sourire lumineux, me dis :

– Ton dernier livre m'a fait beaucoup de bien !

C'est aussi pour cela que j'ai choisi comme thème de celui-ci la bienveillance. En grande partie en mémoire de celle que tu m'offres généreusement en retour de mes écrits. Ceux que je t'ai murmurés en confidence au fil de mes ouvrages précédents.

Parce que tu me le dis souvent, ça aussi :

– On a l'impression que tu nous parles à l'oreille.

Alors, je vais encore te parler à l'oreille. Tout au long du voyage. Tu ne connais pas les chemins qu'on va emprunter. Moi non plus, d'ailleurs. Mais on sait où on va aller. Au plus profond de nos intimités, comme d'habitude. Sans détours et sans faux-semblants. Et avec, cette fois, encore plus de bienveillance puisque c'est le sujet qui va nous guider. Voilà pour toi !

Pour les autres, ceux qui me liraient pour la première fois, je leur dois quelques précisions sur l'itinéraire. D'abord, je ne suis pas écrivain. Je suis « écriveur ». Un saltimbanque des mots. Un amateur. Un colleur de phrases. Un artisan particulier. Un conteur clairsemé. Je mets de l'air entre mes paragraphes, comme j'en mets dans mes pensées. Pour la clarté, la respiration, la liberté. Regarde ! À peine quelques phrases et déjà une multitude d'espaces.

Parce que le pavé de trente lignes m'ennuie. J'ai l'impression de taper un rapport de police. Et l'administration, c'est fait pour les remèdes ou les fonctionnaires. Moi, je ne fonctionne pas. J'écris bien au-delà des heures de bureau. La nuit principalement. C'est comme ça que je rêve. C'est seulement après que je dors.

Emporté par mon élan, il m'arrive de raconter des anecdotes que j'ai déjà citées dans un livre précédent. Ce n'est pas par manque d'inspiration. C'est que l'aventure en question a toute sa place là où je la mets. Agrémentée autrement. Comme un plat accommodé par une nouvelle recette. La seule chose que je peux te garantir, c'est que le produit est frais. Je veux dire authentique. Vrai. J'écris bio.

Et puis, je tutoie le lecteur ou la lectrice. À l'instar de mon maître et ami disparu Fréderic Dard. Celui dont je garde précieusement en relique un dernier cadeau intime : sa machine à écrire. C'est pour cette raison que ceux qui connaissent son œuvre détectent parfois son influence au détour de mes phrases.

Attention ! Je ne me hisserai jamais à la hauteur de sa cheville, mais je suis de son école. C'est pour cela que tu trouveras au fil du voyage un peu de grivoiserie, des aphorismes, des néologismes, des divagations, des sautes d'humeur et des sautes d'humour. À la volée. Comme ça. Sans préméditation. Le poinçon du grand Fred, le bijoutier des mots !

Je m'efforce aussi, dans chacun de mes livres, de communiquer à mon tour l'humanisme qu'il m'a enseigné. Et dans celui-ci, je vais encore t'en envoyer en rafale. Mais sans aucune suffisance de ma part. Je ne suis pas un donneur de leçons. Juste un conseiller intime qui veut faire partager ce que son vécu lui a enseigné.

Je suis d'abord un observateur appliqué de ceux que je croise. Au point que, bien souvent, j'arrive à voir à travers eux. Cette transparence qui me lie à toi m'autorise à te confier ce que je sais de toi et ce que je crois de nous. Mais sans aucune certitude, ni jugement péremptoire. Des impressions, c'est tout.

Quelle légitimité ai-je pour te parler de bienveillance ?

Comme je le dis dans mon dernier spectacle, *Avant que j'oublie* : ma plus grande richesse, c'est le grand écart. C'est d'avoir souvent quitté au petit matin des bouges infâmes, mêlé au peuple d'en bas, pour aller boire le café en haut, à l'Élysée, avec le président. Des bois vermoulus des comptoirs aux ors de la République. Des oubliés aux oublieux. De la lie à l'excellence. Sans avoir été ni dégoûté par les uns, ni impressionné par les autres. Parce que, hors les ornements de caste, ceux d'en haut et ceux d'en bas se ressemblent tellement dans leur quête de sérénité.

C'est ce grand écart-là qui a forgé mon indulgence, ma compassion, et mon affabilité. Parce que je me suis très vite aperçu que, du plus bas au plus haut barreau de l'échelle, chacun avait soif de cette bienveillance. Alors, je te lance encore une fois mon cri de ralliement préféré :

– C'est que d'l'amour !

Histoire d'apporter de l'eau au moulin des imitateurs qui caricaturent mon enthousiasme avec ironie, méchanceté parfois, certes, mais avec justesse. Pour moi, la bienveillance est une composante de cet amour aussi vitale que l'air que l'on respire. Alors, gonfle tes poumons et suis-moi ! Je t'emmène au pays de toutes les bienveillances. C'est le seul voyage dont tu ne peux pas revenir essoufflé. Apaisé, je l'espère. Et meilleur.

Plus bienveillant que jamais.

CHAPITRE 1

Tu as déjà croisé Norbert dans mes livres précédents. Tu ne pouvais pas le manquer. Cent vingt-cinq kilos de bonne humeur. Gargantuesque. « PantaBruelique ». C'est-à-dire aussi prompt à se remplir la panse qu'à se casser la voix. À force de parler vrai. Avec l'accent ensoleillé des gens du Sud. Chaleureux. Énergique. Virevoltant. Étonnamment aérien, de table en table, dans son restaurant de Carcassonne. Et bienveillant, bien sûr. À l'extrême, parfois. Quand, après l'avoir quitté, ses appels téléphoniques parsèment ma route de nuit. Cailloux affectueux de gros petit poucet.

— Ça se passe bien ?... Tu n'as pas de pluie ?... Tu n'es pas fatigué ?... Appelle-moi en arrivant !

Comme Maman quand elle était encore là.

Ça doit être ça, un véritable ami bienveillant. Une mère juive, ni forcément mère, ni forcément juive. Quelqu'un qui nous rassure d'avoir eu à le rassurer. Qui prend de nos nouvelles, même quand il n'y a rien de nouveau. En ce qui me concerne, dans mon stakhanovisme routier, c'est un GPS amical qui conclurait chacun de mes périples automobiles par ces mots :

– Vous êtes arrivés à destination. Je vais pouvoir dormir tranquille. Je t'aime.

Un soir gris glacé de janvier, je dînais à sa table. Pour le « bien manger » évidemment. Mais surtout pour le soleil du dedans. Celui dont les rayons dardent en plein cœur. On aurait pu sortir le parasol. Avec, comme d'habitude, entre deux bouchées de viande goûteuse, des éclats de rire, des confidences et des attendrissements de midinette. Ma régénérescence obligatoire loin du Paris impersonnel. Comme la recharge d'une voiture électrique. En prise directe sur l'affectif, le chaleureux, le vrai.

Autour, des clients que je ne connaissais pas une demi-heure plus tôt, mais qui étaient devenus des familiers par la seule entremise du maître des lieux. La glu de sa convivialité innée colle chacun à l'autre, sans a priori ni faux-semblant. Le secret d'affabilité autant que de gastronomie fait de son restaurant bien plus qu'une auge pour affamés. Une sorte de petite église sans Dieu où, en guise d'hostie, chacun communie en ingérant le sourire de l'autre.

Et puis, pour nous deux, une table dans un coin. Pour nos confessions intimes entre deux accolades aux clients partants ou aux arrivants. Mon métier, le sien, les faux amis, les vrais, la famille, les enfants, le temps qui passe et qui va bientôt nous dépasser et puis nous trépasser. Les fantômes de nos partis. Et, bien sûr, l'éternelle rengaine de la vie à dévorer à pleines dents, parce qu'elle est courte, futile mais terriblement jouissive quand on sait ne la prendre que pour ce qu'elle est : un passage.

— Et tu prépares quoi, là ? me demande-t-il entre deux enfournements de jambon Serrano pour quatre.

— Un livre sur la bienveillance.

— Je ne sais pas si ça va intéresser les gens, mais c'est vrai que c'est une valeur qui se fait de plus en plus rare.

— C'est bien pour ça. Tu n'aurais pas un exemple, quelque chose ?

— Tu tombes bien, pas plus tard qu'hier…

Et il m'a raconté son incongruité de la veille.

Un clodo qu'il avait croisé dans une rue de Carcassonne. Un pauvre vieux de quatre-vingts ans, allongé dans le froid, avec un sac poubelle pour seule gabardine. Il lui a promis qu'il reviendrait plus tard avec ce qu'il fallait pour le tenir au chaud. Rentré chez lui, il a fouillé dans ses armoires. Il aurait pu ressortir un vieux manteau usagé qui aurait fait l'affaire. Mais Norbert, c'est Norbert. Alors, il a choisi un anorak de ski noir tout neuf. Une heure plus tard, quand il s'est penché sur le SDF pour le lui offrir, l'homme a secoué la tête en lui disant :

— Désolé, j'en veux pas.

— Pourquoi ?

— Parce qu'il est noir. J'aime pas le noir !

Ma première réaction a été d'éclater de rire, en lançant :

— C'est énorme ! Le mec se les gèle. Il peut en crever, tu lui apportes de quoi le sauver et il chipote sur la couleur. Incroyable ! À te dégoûter d'être bienveillant.

Ça, c'était le premier ressenti. La réaction primaire. De quoi se promettre à l'avenir de se passer de la moindre compassion. D'oublier toute générosité, et de garder nos anoraks noirs pour nous. Et puis, on a continué à parler, Norbert et moi. Comme on le fait toujours. Pour aller au-delà du premier avis. Du réflexe attendu. C'est d'abord ça, notre bienveillance chronique. Dépasser le premier constat. Voir plus loin pour juger autrement. Ils sont innombrables ceux et celles qu'au premier regard on a catalogués crétin, allumeuse, emmerdeur pour les requalifier, après analyse, seigneur, princesse ou ami. Parce que les a priori sont la leucémie de notre société. Alors, nous, on y greffe notre moelle, nos tripes, notre affabilité.

Pour le clodo rétif, on est allé au-delà du caprice pour coquetterie chromatique. Au-delà de notre réflexe rigolard qui, dans un premier temps, nous avait fait nous exclamer en chœur : « Quel, con ! » Après en avoir disserté ensemble, on s'est aperçus que ce refus allait bien plus loin que la simple ingratitude.

Ça voulait surtout dire :

— Ok ! Je suis heureux de ton geste. Mais je mets un point d'honneur à ne pas tomber encore plus bas que je suis. Et Dieu sait que je suis bas. Mais, je n'accepte pas n'importe quelle aumône, même si elle est vitale. Quand on n'a plus rien, on tente de sauvegarder ce qu'il reste de fierté. Accepter une couleur que je n'aime pas, ce serait aller bien plus loin que mon dénuement. Ce serait me nier totalement. Et devenir encore moins que moins que rien.

Voilà ce qu'il y avait dans son : « J'aime pas le noir. » Les mots en moins, évidemment. Alors, Norbert m'a resservi un verre de Cartagène en disant :

— Ça ne m'empêchera pas de continuer à faire de mon mieux pour aider ceux qui souffrent. Qu'est-ce que tu veux ? Je suis comme ça. Même un chien pelé qui me mord, je suis capable de lui offrir un os !

Et puis, il s'est levé pour faire un tour des tables. Une bise qui claque. Une poignée de main. Un réconfort. Une blague à la volée. Un apéro remis. Une glace offerte au minot. Commerçant certes, mais vraiment attentif. Affable et bienveillant sans arrière-pensées. Et il est revenu s'asseoir pour finir mon assiette. Gourmand. Ogre. Et il y est allé de sa petite larme. Une de plus. Cette fois-là, pour un vieil ami imitateur tombé au plus bas.

— Tu te rends compte ! Rappelle-toi le talent qu'il avait. Alors, il a sûrement dû faire des fautes, prendre des fausses routes, mais putain, c'est mon ami ! Et là, sa femme s'est barrée, on le vire de son appartement. Il va se retrouver à la rue. Je n'arrive pas à accepter ça. Je vais lui envoyer un peu d'argent, mais je te jure que j'en ai pas dormi de la nuit. La douleur des autres, ça me démonte.

C'est beau, tu sais, un gros plein de vie qui sanglote comme un môme. Ça rassure sur la nature humaine. Bien sûr qu'elle ne nous a pas faits parfaits, cette nature, mais on s'efforce. On n'est pas des monolithes. Ni tout dur, ni tout miel. Ni tout amour, ni toute haine. On sait mettre des beignes aux inconvenants, et faire des caresses aux attendrissants. Mais on compose avec nous-mêmes. Imprévisibles en tout. Dans nos failles, nos lâchetés, nos stupidités primaires comme dans nos éclairs de générosité, de grandeur d'âme. Et surtout, surtout, on s'applique à tenter d'être chaque jour un peu meilleurs.

Norbert et moi sommes frères de bienveillance par atavisme. Parce que nos ancêtres nous ont éduqués comme ça. Parce que ses Cathares et mes Limousins étaient des hommes et des femmes aux mains terreuses et calleuses, et à l'âme propre. On descend de vaillants, d'obstinés, de courageux, d'intègres. De gens de peine qui délestaient celle des autres d'un coup de main, d'un coup de cœur. Batteuses collectives, vendanges communes et table ouverte. C'est pour cela que nous sommes pierre et mousse à la fois. Granitiques dans notre labeur et soyeux dans nos affections.

Alors, bien sûr, entre mon show-biz et ses billots d'ancien boucher, il y a un monde. Un planisphère. Mais on vit sur le même équateur. Celui qui sait faire la part des choses. Norbert me le prouvera encore à l'occasion de l'attentat terroriste au supermarché de Trèbes, le 23 mars 2018. À quelques kilomètres seulement de son restaurant. Ce fait divers tragique qui fabriquera un monstre, des morts et un héros.

Une ignominie gratuite, immonde. Bien plus liée à un cerveau en berne et une sauvagerie de débile primaire qu'à une conscience islamiste combattante. Mais tant que les médias requalifieront la crasse ordinaire en guerre idéologique, ça laissera de l'espoir au con suicidaire le plus insignifiant d'atteindre la célébrité cathodique. Il a bon dos, le djihad, quand il ne s'agit que d'un défoulement inepte de racaille de bas étage.

La racaille du coin, il la connaît bien, Norbert. Vingt ans de boîte de nuit à Carcassonne. Avec les incivilités, les menaces récurrentes. Et cette jeunesse d'une autre culture qui bouscule tous les codes de bienséance. Tout ce qui a poussé mon vieil ami à avoir des idées bien tranchées, exclusives. Celles de tous ceux que les médias zappent. Celles qui font penser tout bas ce qu'on ne peut pas dire tout haut. Sous peine de prendre sur le râble les associations de tout bord. Les équipementiers officiels de l'équipe de France de morale !

C'est tellement plus simple de réduire à de la xénophobie ordinaire une juste colère et la sensation de se faire voler la quiétude par des incontrôlés incontrôlables. Tout ça enrobé d'une impunité magnanime de la justice.

Mais chut ! Gardez vos peurs et vos vérités pour vous, braves gens ! La pensée unique vous clouerait au pilori. Parce que le sujet est délicat, ma bonne dame !

Mille fois, Norbert et moi avons eu des conversations sur ce sujet. Moi, assénant sans cesse mes principes d'humanisme libertaire. Avançant des arguments de tolérance et de bienveillance absolue. Affirmant que la peur de l'autre entraîne forcément des mésententes irréversibles et dangereuses. Qu'il faut éviter de souffler sur les braises, si on ne veut pas que l'incendie se propage. Et lui, me renvoyant à la stricte réalité. Inflexible. Argumentant, avec raison, je dois le reconnaître :

— Toi, tu vis loin de ça. C'est facile d'être humaniste dans des livres ou des débats, bien au chaud dans un studio de télé. La vérité, c'est pas une tournure de phrase. C'est la bagnole fracassée d'un type encore plus malheureux que celui qui y a foutu le feu. La réalité, c'est la came, la violence gratuite, l'insulte.

— À qui la faute ?

— À personne et à nous tous. Parce que c'est deux mondes qui ne peuvent pas se comprendre. Des cons, y en a des deux côtés. Mais comment veux-tu qu'il y ait des lumières ? Ça fait trente piges que le courant passe plus ! Et surtout qu'on a élu des électriciens de merde qui connaissent pas le boulot !

Connaissant son intransigeance en la matière, je l'ai appelé au premier direct de BFM sur les lieux de la tuerie de Trèbes. Pour savoir ce que les images ne diraient pas. Je m'attendais à ce qu'il me lance, tonitruant :

— Tu vois, depuis le temps que je te le dis ! Toi, tu me contredis sans arrêt avec ton humanisme de privilégié ! Mais la réalité, hélas ! c'est ça. Et aujourd'hui, la réalité, elle a tué des amis.

Ça n'a pas été ça du tout. La voix était posée, résignée et triste.

— C'est terrible. Mais tu sais, si on ne les avait pas entassés dans une cité sans s'occuper d'eux, on n'en serait pas là. Ceux qui sont parsemés, un par un en ville, à la campagne, ne deviennent pas comme ça.

Ils gardent leur identité en respectant nos codes. C'est pas de leur faute, c'est de la nôtre. La bienveillance pour ne pas que le feu se propage, c'est bien. Mais il vaudrait mieux l'avoir avant pour ne pas qu'il s'allume.

Évidemment, pas un politique ne s'est exhibé à la télé en énonçant cette évidence. La larme à l'œil, la voix grave, ils ont enfilé leur costume de compassé, sans une once de culpabilité avouée. Paroles, paroles ! comme dit la chanson. Encore des mots, rien que des mots. Des mots d'après pour faire oublier la carence des actes d'avant. La dignité marmoréenne, et la condamnation de la barbarie dans les hommages dédouanent de tout. Champions de ces hommages, certains devraient s'établir marchands de peluches et de bougies. Ils feraient un fric fou !

Un discours, une étreinte aux familles éplorées et il n'y a plus qu'à attendre la prochaine fois. Alors qu'il faudrait juste avoir le courage politique de s'attaquer aux causes réelles pour éviter vraiment que cela se reproduise. Mais est-ce que « courage » et « politique » ne sont pas l'inverse de « Michelle, ma belle », de mes vénérés Beatles ? Des mots qui ne vont pas bien ensemble. Putain de compassion obligatoire !

Tout ça pour te dire que la bienveillance dont je vais te parler dans ce livre n'est pas une promenade naïve au pays des Bisounours. Elle est complexe. Tout sauf manichéenne. Se contenter de dire qu'il faut faire le bien autour de soi ne mériterait qu'un paragraphe. Et encore ! Je veux t'emmener plus loin pour te convaincre de la nécessité absolue de réhabiliter la prééminence de cette valeur qui s'effrite. Et qui est bien plus complexe qu'il n'y paraît.

Pour étayer mon discours, je m'attarderai de temps en temps, bien entendu, sur certains malveillants, comme je viens de le faire là. En m'efforçant de ne pas trop l'être moi-même. Mais ces contre-exemples ne seront là que pour t'ouvrir les yeux. Pour t'indiquer la route à ne pas suivre. Pour t'éviter de t'enliser dans le mal fait à autrui. La pire des ornières, si tu veux embellir ton chemin de vie.

Alors, « en marche ! », comme dit l'Autre. « L'Autre » qui, au passage, devrait peut-être jeter un œil sur ce qui va suivre. Parce qu'autant je ne mets pas en doute son idéalisme sincère de départ et son lyrisme affiché, autant je suis sceptique quant à son application à la réalité crue. Mais j'y reviendrai dans un autre chapitre.

Je voudrais d'abord te parler les yeux dans les yeux.

Ou, plus précisément, t'apprendre à t'arrêter sur des regards. Pas les yeux qui pleurent, qui supplient, qui mendient, non ! Ça, c'est à la portée de la moindre âme sensible de se pencher sur ces aumônes-là. Je te parle des autres. Neutres. À peine voilés. Dont il faut savoir détecter les blessures cachées. C'est un des piliers de la bienveillance que de deviner un regard. Le déchiffrer avant que son détenteur ne prononce le moindre mot. Qu'il ne psalmodie la moindre plainte. Deviner. Anticiper. Quand, par pudeur ou crainte d'être incompris, cet autre n'ose même pas dire à mi-voix ce qu'il brûle de te hurler.

C'était il y a une quinzaine d'années.

L'infirmier était venu me faire une prise de sang dans mon antre de Martel. Il était jovial, comme à chaque visite. Il a enfoncé l'aiguille un peu plus maladroitement que d'habitude. Mais il a rattrapé ça avec un grand sourire.

— Désolé !

— Pas grave. C'est la fatigue ?

— Même pas. J'ai dormi comme un bébé.

Et, il a ajouté, blagueur :

— Tu sais comment ça dort, les bébés ? Une heure ça pleure, une heure ça dort !

J'ai souri.

— Je ne la connaissais pas, cette vanne. Je vais la noter.

À ce moment-là, j'ai croisé ses yeux. J'y ai senti quelque chose d'infime qui m'a alerté. Quelque chose de cassé.

J'ai demandé :

— Tu as des soucis ?

— Des petites contrariétés familiales.

— Tu peux me dire ?

— Non. Mais rassure-toi, rien de grave.

C'est là que j'aurais dû insister. Mais ma bienveillance, à ce moment-là, était plus centrée sur moi, et une hypothétique carence dans mes globules. Une inquiétude qui d'ailleurs s'avérera injustifiée puisque les analyses me confirmeront une santé de jeune homme. Ce que l'infirmier m'avait d'ailleurs prédit :

— Ne t'inquiète pas. Tu n'as pas une tête de malade. Tu es en bonne santé. Tu vivras longtemps, toi.

C'est ce petit « toi » de fin de phrase que j'aurais dû décrypter pour aller plus loin. Le pousser à avouer son mal-être. Peut-être aurais-je trouvé les mots pour empêcher l'irréparable. Deux heures plus tard, dans un accès de jalousie, il tuait sa femme, l'amant de sa femme et il se suicidait.

J'en ai toujours conservé une étrange culpabilité. Celle de ne pas avoir deviné, de ne pas avoir eu la bienveillance d'approfondir. C'est cette culpabilité-là qui, depuis, me fait m'arrêter longuement sur certains regards. La peur de peut-être passer à côté d'un réconfort vital. D'avoir oublié le mot que j'aurais dû prononcer, l'étreinte que j'aurais dû appuyer un peu plus. Comme pour mon petit, avant qu'il enfourche sa moto mortelle.

Au dernier regard, peut-être aurais-je dû fouiller plus profond. Y détecter par avance la volonté de ruée sauvage qui allait le faire rouler bien trop vite. Trouver les quelques mots vraiment dissuasifs. Je t'avoue même que parfois, il m'arrive encore de me demander si je n'ai pas raté dans ses yeux une douleur, un vide. Quelque chose qui l'aurait poussé à accélérer par déception ou par chagrin intime. Pire, une contrariété dont j'aurais été la cause. C'est sans doute aujourd'hui la pire de mes culpabilités.

Paix à son âme ! À défaut de la mienne.

Mais bon ! Ce tourment a au moins l'avantage de me rendre cent fois plus attentif aux regards de ceux que j'aime. Bienveillant, donc. Depuis, d'ailleurs, ce besoin de fouiller le fond des yeux des gens que je croise est presque devenu un tic. Une obsession. Au risque même que, parfois, bien malgré moi, cette insistance soit prise malencontreusement pour du désir. Le plus récent de ces malentendus m'a offert un lapsus délicieux.

— C'est pas la peine de me regarder comme ça ! m'a lancé une cagole agacée.

J'ai répondu :

— Si je te regarde comme ça, c'est pour mieux aller au fond de toi.

— Eh, tu te calmes, là ! Je suis pas une péripesthéticienne !

Néologisme de concours qui alliait les dommages du trottoir et les gommages de salon. J'ai souri et insisté quand même :

— C'est pas ton corps qui m'intéresse, c'est ton âme.

Elle a fait un bond en arrière en me lançant :

— Tu toucheras pas mon âme non plus !

Comme si j'allais transpercer son corps des doigts pour lui titiller l'esprit !

Je t'ai cité cet exemple juste pour illustrer une catégorie de méfiants allergiques à la moindre bienveillance. Soupçonneux de tout. Qui refusent la main que tu leur tends par peur que tu leur voles leur montre. Cela m'a même valu, quand j'étais môme, le coup de canne d'une vieille qui croyait que je voulais lui chaparder son sac à provisions, alors que mon intention était juste de l'aider à le porter.

Tu as dû en croiser toi aussi des comme ça. Hermétiques à tout secours. Infiniment seuls. Naufragés en amer. Aigris. Qui reprochent au monde entier de les abandonner, et qui renvoient sans cesse leur bonté à la figure de ceux qui tentent de les aider. Dommage ! Si tu es de ceux-là, réfléchis un peu plus avant de fuir la main qu'on te tend.

« Personne n'est à l'abri du pire, mais le meilleur existe. »

Ces tentatives de bienveillance pure mal payées en retour, nous en avons tous connu. Ce sont celles qui font dire à la plupart de ceux à qui j'ai parlé du sujet de ce livre :

— T'es bien gentil avec ta bienveillance obligatoire, mais si je devais compter les fois où j'ai tendu la main et où on m'a craché dedans !

D'accord ! Mais ça, je te le serinerai jusqu'au bout :

— Tu ne dois jamais lancer ta bienveillance comme un boomerang. Ce n'est pas le retour qui fait du bien. C'est l'envoi. L'envoi seul.

Et Dieu sait que j'en ai lancé des bienveillances sans retour à tout-va !

Professionnellement d'abord. Pour des chanteurs, des humoristes, des artistes de tout bord que j'ai découverts, protégés. Sans pourcentage sur leur gloire à venir. Comme ça, pour le plaisir d'aider. Et même si la plupart d'entre eux ont oublié ce qu'ils me doivent, je ne l'ai jamais regretté. Parce que justement, je l'ai toujours fait en connaissance de cause. Pour l'« envoi ». L'« envoi » seul. En sachant parfaitement que je n'avais rien à attendre en retour. Ce qui d'ailleurs a été le cas, la plupart du temps.

Comme le disait Philippe Bouvard à Michel Drucker :

— Est-ce qu'ils t'ont pardonné de les avoir aidés ?

Pas de noms, bien entendu. Je suis dans la déception, pas dans la délation. C'est à la fois génétique et astrologique. Scorpion, pas Balance. Et puis, de toute façon, connus ou inconnus, la désillusion est la même. Parce que, bien entendu, dans le domaine privé, c'est le même combat. Et les mêmes défaites. Mais je ne t'apprends rien. Toi aussi, tu dois avoir ton lot d'impayés dans ta liste de factures pour service rendu.

— C'est vrai. Et on ne m'y reprendra pas de sitôt ! assène le dégoûté de l'aide désintéressée.

— Tu as tort. Il ne faut surtout pas.

Je veux absolument te persuader de continuer à la balancer à tout vent, cette bienveillance. En toute occasion. Quelles que soient les ingratitudes passées. Quelles que soient les trahisons. C'est ce que je m'applique à faire chaque jour. Et ça me fait un bien fou. Parce que chaque nouveau bienfait offert me régénère et efface les scories des déceptions d'avant.

Même si, que ce soit en soutien moral ou en avances sonnantes et trébuchantes, j'ai eu tout loisir de déqualifier le proverbe menteur :

« Un bienfait est toujours récompensé ! »

Nous l'avons même requalifié, entre potes, en :

« Donne-moi ta montre, je te donnerai l'heure ! »

Sur les sommes que j'ai avancées à des « amis » dans le besoin, il ne m'en est revenu qu'une infime partie. Certains ont même oublié totalement que je les avais sortis de la gêne. Comme celui dont je vais te parler maintenant. Amnésique occasionnel, au point de me solliciter à nouveau en argumentant :

— C'est la première fois que je te demande ce genre de service.

— Non, c'est la deuxième. Et j'attends toujours que tu me rembourses la première.

— Ah, non, sûrement pas ! Je m'en souviendrais quand même.

— Moi, je m'en souviens.

Et là, audace suprême, il monte d'un ton :

— En fait, tu dis ça parce que tu ne veux pas m'aider. Je savais bien qu'on ne pouvait pas compter sur toi. Je suis déçu, je croyais que tu étais mon ami.

— Pas autant que moi d'avoir cru que tu étais le mien.

Un long silence. Et puis, quelques sanglots au téléphone.

— Je suis complètement planté, Patrick. Je n'ai même pas de quoi acheter des doudounes à mes gosses pour l'hiver. Il n'y a que toi à qui je peux demander. Si je m'en sors pas, je crois que je vais faire une connerie.

Bien sûr que je n'étais pas dupe. Bien sûr que je savais qu'il me baladait. Qu'il me la jouait Victor Hugo des *Misérables* pour me « thénardier ». Un néologisme que j'ai inventé pour qualifier chaque fois qu'un solliciteur rajoute un bonus de misère à sa galère pour m'amadouer. Je me suis donc fait « thénardier » une fois de plus. Mais que veux-tu ? L'affabilité stupide est dans mes gènes. Alors j'ai cédé. En menaçant, sans même en être persuadé moi-même :

— Je te préviens, c'est la dernière fois !

En l'occurrence, ça a été vraiment la dernière fois. Surtout après que j'ai croisé un soir, par hasard, cet « ami » attablé dans un restaurant gastronomique de haute tenue. Il était en compagnie d'une fille magnifique dont j'ai deviné que la présence devait au moins lui coûter aussi cher que le repas. Quand il m'a vu entrer, crois-tu qu'il aurait eu un soupçon de gêne ? Absolument pas. Il m'a fait un grand signe de loin, tout sourire, pour m'inviter à les rejoindre.

L'aplomb des faisans de haut vol me surprendra toujours !

Comme tu le sais peut-être, le mot « doudoune » a l'avantage d'avoir deux sens. Il peut désigner à la fois un survêtement chaud et, en argot, les seins d'une jeune femme. Ceux de la compagnie de mon « ami » ne laissaient aucun doute sur le fait qu'ils couvraient les deux acceptions : mammaires et synthétiques. J'ai remercié le dieu du vocabulaire de m'offrir l'occasion d'au moins me rembourser en plaisir d'humour. Après lui avoir serré la main et baisé celle de la jeune femme, j'ai lancé :

– Belles doudounes en effet ! Ça a dû te coûter les yeux de la tête… Enfin, les yeux de la mienne.

Il n'a même pas relevé la saillie. Il m'a lancé, enthousiaste :

– C'est fou que je te croise ce soir ! J'allais justement t'appeler. Je viens tout juste de toucher le pactole. Un héritage. Alors j'arrosais ça avec cette amie très chère. Cette fois, je suis à jour, et dès demain je commence à te rembourser.

Toute la fourberie de ce type était dans ces mots. Le mensonge. La réjouissance d'un deuil profitable.

La promesse opportuniste dont je me doutais déjà que, d'ici le lendemain, il trouverait un nouveau prétexte pour en reculer l'échéance. La seule vérité était que, comme il le reconnaissait, son amie présente devait être très chère. Très très chère. J'ai saisi l'occasion au vol :

— Je vais peut-être me rembourser dès ce soir. En nature. Alors dis à ta copine que dans dix minutes, je l'attends dans les toilettes !

Elle a bondi :

— Mais, je ne suis pas une pute !

— Toi non, mais lui, oui !

Je suis parti m'asseoir à ma table, tout fier de mon bon mot. Et je les ai vus de loin s'embrouiller. Elle s'est levée, furieuse et l'a laissé seul.

Je me suis attardé longuement sur cette anecdote pour que tu goûtes encore mieux le bonheur de sa chute. Une phrase qui résume parfaitement toute ingratitude à un bienfait rendu. Une petite phrase que mon « ami » m'a lâchée au moment de quitter le restaurant, en passant devant ma table :

— Merci d'avoir gâché ma soirée !

De quoi me décourager à jamais de toute bienveillance ?

Eh bien, non !

Je continue régulièrement à me faire « thénardier ». Et au-delà des déboires financiers, je persiste aussi à réconforter moralement des désespérés, des fragiles, des perdus. Des dépressifs provisoires qui, une fois guéris, oublient que je leur ai prêté mon épaule. Je devrais m'établir marchand de clavicules bienfaitrices à la sauvette ! Et je t'encourage à en faire autant. Encore une fois, quels que soient les préjudices subis.

Parce que le moindre regard en souffrance m'interpelle. Parce que c'est dans ma génétique maternelle. L'héritage altruiste de Maman qui a passé sa vie à redresser des bancals, à nourrir des traîne-misère. Comme ça, à l'empathie. Elle a gavé à perte, dans son restaurant, une armée de pique-assiettes trop heureux de l'aubaine. Il leur suffisait de surjouer le besoin pour être pris en charge *ad libitum*. Ils buvaient sa compassion au litre et mangeaient son affliction à la louche. Les seules notes que je leur ai vu acquitter, c'est les « la, la la » de leurs chansons à boire !

J'ai longuement parlé dans les livres précédents de cette générosité flouée. Je ne m'y attarderai pas plus. J'ai juste fait ce détour pour illustrer une assertion essentielle de notre voyage au pays de la bienveillance. Certains, dont je fais partie, ont le goût du bienfait inscrit dans leur patrimoine génétique. Et quels que soient les revers que cela entraîne, ils sont incapables de le renier. Ça ne veut pas dire qu'ils sont meilleurs. Ils sont ainsi, c'est tout.

Quant aux autres, j'ai écrit ce livre pour tenter de les convaincre de faire des efforts pour devenir comme nous. Oh, ce ne sont pas de grands sacrifices ! Tu verras. Juste une prise de conscience, de l'attention, et une pointe d'observation de son prochain. Avec, en arrière-pensée, la seule envie d'améliorer son bien-être quotidien. En ne perdant jamais de vue que, comme je te l'ai dit dans le poème du début, chaque bienfait pour autrui est un cadeau pour soi.

Et ça nous ramène aux regards à décrypter dont je te parlais plus haut.

Combien en ai-je croisé ? Surtout dans mes virées nocturnes. À l'heure où l'on trouve le plus d'âmes couleur chat. Grises. Des errants. Des titubants. Des affalés tristes de coins de bars, de boîtes de nuit, de bancs publics. Des naufragés qui lancent des SOS muets du coin de l'œil.

Aphorisme à destination de tous les oiseaux de nuit déplumés :

« Ils sont tant qui oublient de dormir parce qu'ils n'arrivent pas à s'endormir pour oublier. »

Torturés par des dettes, des chagrins d'amour, des chagrins d'amis, ils fuient le plein jour. Comme si la pénombre pouvait cacher leurs déchirures intimes. Pour moi, elles sont fluorescentes. C'est dans cette obscurité-là que je les repère le mieux.

Je me souviens d'un triste de fond de taverne, en face de la gare Saint-Lazare. Gueule cassée, cœur en berne. Son mal-rasé ne sentait pas la mode, seulement le laisser-aller. Il a levé les yeux sur moi, puis les a replongés dans son verre. Rien à battre de la « vedette qui passe à la télé » ! Je l'ai observé un long moment et je me suis avancé quand même.

J'ai demandé :

— Chagrin d'amour ?

— Qu'est-ce que ça peut te foutre ! Ça te regarde pas.

— Peut-être, mais tes yeux m'ont regardé, eux. Et j'y ai deviné que je pouvais t'aider.

— Toi ? Laisse tomber. Va faire tourner tes serviettes !

— Dommage. J'avais des mots pour toi qui font du bien. Mais je ne vais pas te forcer.

Je me suis éloigné. Il m'a rappelé.

— À quoi tu l'as deviné le chagrin d'amour ?

— Tes yeux, toujours. Quand tu les fermes, tu grimaces. Je connais ça. Plus on les ferme, plus on y voit. On y voit l'autre avec elle, et ça coince grave. Je me trompe ?

— Non.

Il m'a fait une place sur la banquette, et on est restés jusqu'au jour à se consoler mutuellement. Moi de mes chagrins passés et lui de son présent. Je lui ai montré sur mes poignets les traces de la lame de rasoir encore visibles quarante ans après mon plus gros désespoir. En lui expliquant que c'est la chose la plus stupide que j'ai faite de toute ma vie. On s'est quitté en embrassades. Il a dit en pleurant :

— Merci. Tu vois, ce soir, j'étais pas loin de la faire, la connerie. Grâce à toi, je la ferai pas. Je voulais me foutre à la flotte.

Je n'ai pas pu m'empêcher de lui arracher un dernier sourire :

— Un comble pour un mec qui n'en boit jamais !

Les affalés tristes, c'est une évidence pour un bienveillant chronique. Les hyperjoyeux, moins. Et pourtant, ce sont mes préférés. Ceux qui ont mis leurs masques de fêtards pour cacher les cicatrices. Volubiles. Excessifs en tout. Ceux-là, je les détecte au premier verre offert. À la première grivoiserie. À la première étreinte affective trop appuyée. Quand leurs yeux sont trop étroits et leurs gestes trop larges. Quand ils parlent trop fort. Quand ils chantent trop fort. Quand ils vivent trop fort. Quand je pressens qu'ils vont mourir trop fort. Vite. À grand feu. Je sens au premier coup d'œil quand leurs éclats de rire ne sont là que pour cacher leurs éclats de pire.

À quelques jours de commencer ce livre, j'ai croisé mon pote le DJ. Un attachant, un jovial, un sincère. Au bout de quelques outrances hurlées dans une boîte du Cap d'Agde et d'éclats de rire couverts par une musique à donf, on s'est posés au calme sur la banquette grasse d'une backroom. Et là, intimes. Les yeux dans les yeux. La vie, l'amour, les doutes, les enfants, les douleurs, les excès, le mal-être. Et mes mots de réconfort. L'expérience de mes blessures pour tenter d'adoucir les siennes. Une conversation d'âme à âme tellement décalée de la furia voisine, tout en exhibitionnisme. Et nous, en pudeur extrême, mais beaucoup plus nus du dedans que les libertins d'à côté ne l'étaient du dehors.

Deux effrénées en porte-jarretelles ont déboulé d'un coup dans notre communion. À la manière dont on les a renvoyées, elles ont dû nous penser gays. On était juste gais. Heureux de partager du profond en plein cœur du superficiel. Un beau moment !

— Ça m'a vraiment fait du bien de parler avec toi, m'a-t-il murmuré avant qu'on replonge dans le vacarme de la musique et des interdits.

C'est aussi ça la bienveillance. L'imprévu. Le moment d'écoute à l'instant où on ne s'y attend pas. Le partage impromptu, sans autre raison que le goût de l'autre. L'inconnu à qui tu confies des choses que tu n'as jamais dites même à tes plus proches. Je suis un grand chasseur devant l'éternel de ces moments-là. J'espère de tout cœur te croiser un jour, cher gibier !

En attendant : d'autres regards.

Celui des coupables. Ceux qui ont fait une erreur, un faux pas et qui sont obligés de porter leur croix à vie. Voués à la vindicte pour un moment d'égarement. Une faute qu'ils ne se pardonneront jamais.

Je l'avais trouvé à la pompe d'une station-service, celui-là. À l'époque où « service » était encore justifié. C'était sur la route Napoléon vers Gap, en pleine nuit, il y a trente ans, pendant un orage. La pluie était torrentielle. Je m'étais arrêté en attendant que ça passe. Il m'avait fait le plein pendant que je buvais le café qu'il m'avait offert.

J'avais dit :

— Attendez que ça tombe moins pour mettre l'essence ! Vous allez vous tremper.

Il avait répondu :

— Non, j'y vais tout de suite, ça sera fait. Et puis j'aime quand ça tombe gros. Ça me lave mieux.

Pendant la conversation d'après, j'ai compris que ce « lavage », pour lui, était un nettoyage de l'intérieur. Une douche expiatoire. Comme si l'eau du ciel pouvait atténuer un peu la tache qui salissait son âme. Il m'a raconté sa vie de routier brutalement interrompue par un accident abominable. Deux enfants qui traversaient la rue. Percutés. Tués sur le coup. En charpie. Il venait d'arroser un peu trop la naissance du sien. Le destin a parfois du génie dans l'effroyable.

La pluie avait cessé depuis longtemps quand j'ai enfin repris la route. Par chance, personne n'était passé par la station pendant toute notre longue conversation. Comme si Dieu avait barré la route pour éviter qu'on nous dérange. Pour que j'aie le temps de trouver les bons mots pour atténuer sa culpabilité. Je ne me rappelle pas les arguments que j'ai employés, mais je sais qu'à la fin, son visage, sombre jusque-là, s'est éclairé d'un coup et il m'a dit :

— C'est la première fois que je souris depuis six ans. Merci Patrick !

La seule chose dont je me souviens vraiment, ce sont les deux minutes au moins de silence avant qu'il ne sourie. C'est très long, deux minutes les yeux dans les yeux. Sans un sourcillement. Sans un mot. Dans son regard, la main tendue d'un homme qui se noie. Et dans le mien, ma poigne pour le retenir. Puis, d'autres ondes bienfaitrices pour le hisser hors du torrent.

Le regard.

Toujours et encore le regard. N'oublie pas de t'attarder. Quand tu fermeras ce livre, tente cette chasse à l'autre. Au moins une fois par jour. Même sur ceux que tu croises régulièrement. Depuis combien de temps n'as-tu pas scruté celui de ta compagne, de ton compagnon ou de tes enfants plus de trente secondes sans un mot ? Essaie ! Ça ne coûte rien. Puisque c'est à l'œil, justement !

Alors, des regards encore !

Bienveillants.

Celui des infirmières, bien sûr. Des aides soignantes. Des aides de vie. Celles qui enfilent leurs yeux doux en même temps que leur blouse, avant de déambuler dans les couloirs qui sentent l'éther. Cent fois, je les ai croisés ces « regards morphine » qui apaisent, soulagent, sauvent parfois.

Celui-là, par exemple :

Thierry me fait son plus beau sourire. La chambre stérile n'est plus qu'un mauvais souvenir. Les cheveux ont repoussé. La sale maladie s'est enfuie. Et de son aveu, moins par chimiothérapie que par « Soniathérapie ».

Il se confie :

— Sonia, l'infirmière, me réconfortait bien sûr. Mais plus que ses mots, c'est dans son regard que j'ai puisé la force de me battre. C'était comme une bouée chaque fois que j'étais à deux doigts de me noyer.

Il enchaîne, la voix nouée :

— Une nuit, je savais que si je lâchais, je mourais. Elle a planté son regard dans le mien. Ça a duré une demi-heure au moins. Sans un son. Juste la force de sa bienveillance pour me ramener à la vie. Jusqu'à ce que, d'un clignement de paupière, je lui fasse comprendre que ça y était, j'étais revenu.

Le bienfait de l'amour universel.

Qui nous amène évidemment au bienfait de l'amour particulier. Le regard de celui ou celle dont on va tomber amoureux. Celui dans lequel on décrypte tout le bonheur d'après. Nous sommes presque tous nés d'un regard bienveillant. Le déclencheur. Le top départ de la belle histoire. La première approche d'iris à iris. Le premier pas vers la fusion des corps. Et puis, après, l'accouplement et la procréation. De la rencontre de deux êtres à la naissance d'un autre.

Donc, c'est une évidence au sens propre du terme :

« La bienveillance, c'est la vie. »

Un regard de célèbre, à présent.

Celui de mon Dard préféré. Mon Frédéric. Jamais je n'ai croisé de ma vie des yeux aussi bienveillants. Même si dix fois, au cours d'un repas, je les ai vus se voiler de larmes.

— Pourquoi tu pleures ?

— Je repense au SDF que j'ai croisé dans la rue tout à l'heure. Je lui ai filé cent balles, mais je n'arrive pas à m'y faire. Le malheur des autres me bouleverse tellement.

Encore un « Norbert ». Et puis d'autres larmes bien plus acides. Celles que Frédéric a versées un soir devant moi au sujet de l'enfant qu'il avait adopté et dont il avait fait un homme, un vrai. Par discrétion, je ne veux pas entrer dans les détails de la blessure que ce fils venait de lui faire subir, mais je te jure qu'elle était de taille.

— Tu dois terriblement lui en vouloir ? ai-je avancé, la gorge nouée.

— Même pas. C'est quand les autres sont capables du pire qu'il faut se forcer en retour à être les meilleurs possible.

« Avant de chercher à être meilleur que les autres, il faut se battre pour être meilleur que soi. »

Lutter. Se battre contre les envies de mettre pied à terre. Comme lorsqu'on grimpe une côte en vélo. S'accrocher.

Tenir. Je me souviens de mes ballades cyclistes vallonnées quand je défiais les pentes les plus âpres. Cent fois l'envie d'abandonner. Cent fois le souffle court, cent fois les jambes en plomb. Tenir. Tenir. Tenir. Et au bout, la descente. La récompense. Réparatrice. Douce. Tellement jouissive. Et cette fierté simple d'avoir été plus fort que moi. D'être allé chercher au plus profond des forces que je n'imaginais même pas avoir.

Tu les as en toi, ces forces. Le pouvoir de dire « non » à tes rancunes, tes rancœurs, ta haine. De refouler tes plus bas instincts de vengeance. Comme pour nos capacités intellectuelles, nous n'utilisons qu'une infime partie de nos capacités de bienveillance. Je veux te persuader que tu possèdes une réserve incommensurable de bienfaisance. Puise ! Bats-toi !

« La bienveillance pour les autres est avant tout le combat contre ses propres malveillances. »

Un dernier regard.

Celui de Maman. Son dernier. Éteint. Vide en apparence. Et pourtant rempli de tant de choses. Un regard sonore. Qui me renvoyait l'écho de ses mots de bienveillance pour elle, au cas où :

— Ne me laisse jamais souffrir, mon petit. S'il n'y a plus rien à faire, n'hésite pas à m'aider à partir.

Le plus grand dilemme de ma vie.

Le produit létal est-il un crime ou une aumône ?

L'euthanasie est-elle bienveillante ?

Ses défenseurs te diront que oui, évidemment. Quoi de plus généreux que de délivrer autrui de souffrances insupportables ? Quoi de plus humaniste que de libérer d'une torture inutile ? On achève bien les chevaux ! Ses détracteurs soutiendront qu'elle est la pire des malveillances. Parce que la vie est sacrée. Et qu'il n'est qu'à Dieu qui l'a donnée de décider du moment où il doit la reprendre. Et que, même aménagé par la loi Leonetti, le « crime » en reste un. Quelles que soient les motivations. Parce que ce passe-droit n'est qu'un arrangement de bonne conscience pour ceux qui en usent. Entreprendre le débat ici serait fastidieux. Et stérile. Tant sur cette question, chacun s'entête sur sa position.

Si j'osais, j'y mettrais un brin d'humour noir… Allez, j'ose !

Vive le suicide des paysans ! Des flics à bout. Des adolescents désabusés. De tous les oubliés de la société. Ça, c'est de l'euthanasie bon marché ! Sans états d'âme. Pas besoin de légiférer. Les lois existent déjà. Ce sont toutes celles qui excluent, qui ignorent et qui délaissent.

— Elle est pas belle la mort ?

La réponse ton sur ton aux gouvernants qui tempèrent nos plaintes. Qui déprécient le désespoir des oubliés. Et qui lancent, pour se dédouaner de faire si peu pour les assister :

— Elle est pas belle la vie ?

Fin de la parenthèse cynique.

Une remarque seulement pour conclure vraiment. Peut-être la pire question que je me suis posée de ma vie :

Quelle était la part réelle de ma bienveillance pour elle dans la volonté que j'ai eue d'aider Maman à partir ?

Il y avait sa souffrance, bien sûr. Le verdict médical qui me disait que, de toute façon, la mort était irréversible. Une question de quelques heures seulement. Mais il y avait aussi ma propre libération. Mon clap de fin à l'immense douleur de voir celle que j'aimais le plus au monde se débattre, convulser, gémir. Ai-je été autant altruiste qu'égoïste ? Je n'ai pas la réponse. J'ai seulement la question. Et c'est peut-être pire.

Alors, pas de commentaire supplémentaire. Juste une incantation :

— Dieu, pardonne-moi ! Mais qu'il est difficile d'être bienveillant à ta place !

Sans se retrouver devant des dilemmes aussi extrêmes, nous avons tous connu la perspective de faire du mal pour faire du bien. D'être bienveillants, par torsion, par contrainte. Les exemples pullulent : c'est l'essence même de toutes les punitions éducatives. C'est le coaching sportif. Celui qui impose la souffrance pour la joie d'un podium. C'est le sevrage d'un alcoolique, d'un drogué, de n'importe quel addict. Pour le bonheur de la non-dépendance. C'est le dégraissage pour sauver une entreprise. Etc.

Je m'arrêterai juste sur deux exemples ordinaires.

— Quelle salope ! me disait mon vieux complice Olivier, en parlant de la femme d'un de nos proches.

— Je sais. Pendant qu'il bosse comme un fou, elle le trompe avec le premier qui passe. Elle bouffe son fric. Et elle l'engueule s'il n'en ramène pas assez.

— Et lui, il ne voit rien. Il faut lui dire. C'est notre pote, merde ! En plus il est épuisé. T'as vu ses cernes ? On ne peut pas le laisser se faire dépouiller comme ça.

— Il l'aime à la folie. Si tu fais ça, tu vas lui faire un mal terrible.

— Sur le coup, oui. Mais après, ça ne peut que lui faire du bien.

J'ai réussi à convaincre Olivier de se taire. Nous avons choisi, finalement, le crime le plus confortable pour notre bonne conscience. Au lieu de le poignarder, nous

nous sommes résolus à la non-assistance à personne en danger.

Et toi, tu aurais fait quoi ?

L'autre exemple, c'était avec le compagnon d'une de nos copines. Mais pas victime celui-là. Coupable de violences intolérables sur elle. Une soumise par amour. C'est fou ce que les escaliers sont glissants chez les couples turbulents ! Parce que c'était, une fois sur deux, la même explication pour les ecchymoses :

— C'est rien ! J'ai dérapé sur une marche, mentait-elle.

Notre avons décidé, toujours Olivier et moi, de rendre coup pour coup au méchant. Et même plus. Un passage à tabac en règle. Un règlement de compte avec les intérêts. Ce n'était pas une agression. C'était un secours d'urgence. Une leçon qui a porté ses fruits. Leur liaison s'est arrêtée quelque temps plus tard.

Avec un détail étonnant quand même. La punition avait servi de leçon. Ils étaient restés ensemble. Et il n'avait plus jamais levé la main sur elle. Mais, au bout de quelques mois, elle l'avait quitté quand même. En souvenir des coups reçus ? Apparemment non, puisqu'elle s'est mise avec un autre violent. Toujours soumise. Et toujours « instable dans les escaliers ». À croire que c'était peut-être cette violence-là qui donnait à leur couple bancal sa raison d'être. Si tu es féministe, ne hurle pas. Il y a quelquefois des victimes comme celle-là. En tout cas, j'en ai connu une.

Ces exemples de bienveillances forcées ne sont là que pour accréditer un principe inaltérable pour moi : si la mission est généreuse, qu'importe la manière. J'y reviendrai plus loin, mais en matière de bienveillance, il n'y a qu'une loi :

« C'est le résultat qui compte ! »

Et surtout, il n'y a que notre âme et conscience qui peuvent nous indiquer le chemin à suivre. Quel que soit le regard que les autres vont porter sur nous. Quelles que soient les railleries ou les condamnations. Tu les connais bien, toi aussi, ces juges permanents qui t'assaillent de :

— Il ne fallait pas !

— Tu n'aurais pas dû !

— Moi, je n'aurais pas fait ça !

— De quoi tu te mêles, ça sert à rien !

Que les jugements des autres sur toi soient critiques ou moqueurs pour chacune de tes bonnes actions, ne t'y attarde pas. Fais ce que ta conscience te dicte. Fais le bien pour le bien, sans tenir compte du mal que cela pourrait te faire en retour.

Et une phrase de chevet de plus pour conclure :

« Le regard des autres importe bien moins que son regard sur soi. »

C'est le lien idéal avec le début du chapitre qui va suivre.

Parce que ce regard des autres a pris une importance démesurée depuis l'apparition des techniques nouvelles. L'ultracommunication. L'intrusion du numérique dans nos intimités. Critiques, condamnations, dénonciations, délations, nous vivons en permanence sous la menace des « clics ». Il a bon dos le moteur de recherche si indispensable à nos vies nouvelles. Il est le centre de nos facilités. Mais que de saloperies en périphérie !

Nous sommes tous susceptibles d'être renvoyés à chaque instant à la barre du tribunal du Net. Pour la seule accusation d'être ce que nous sommes. Connus, anonymes, personne ne peut y échapper. Pris au piège d'une invention promise à rapprocher les hommes. Mais qui en fait les éloigne. Parce qu'elle permet aux plus malveillants de creuser l'écart.

On appelle ça « la toile ». Bien vu ! Tissée pour nous engluer.

Le jugement numérique est devenu un pouvoir redoutable. Une arme de destruction massive. L'Excalibur des médiocres. L'épée inoxydable des « Chevaliers de la Table Immonde » qui pourfendent à tout-va en toute impunité. Et pire, en tout anonymat.

Hélas ! Il faut faire avec. Et quoi qu'il en soit, à partir de maintenant, il faudra toujours faire avec. Parce que c'est trop tard. Parce que les intérêts financiers sont bien trop élevés. Parce que dans la course à la fortune, la morale n'est toujours qu'un porte-bidon.

C'est donc avec la dérive du Net, et de ses réseaux dits « sociaux », que je vais entamer le chapitre suivant. Ce mètre étalon moderne de la malveillance. Parce que notre vie en société a certes fait un prodigieux bond en avant. Mais la bienveillance mondiale a marqué un recul sans précédent depuis l'apparition de ce moyen de communication diabolique.

Je t'y parlerai aussi de nos enfants. Ceux que cette hydre engloutit chaque jour un peu plus, inexorablement. En attendant, va vérifier que ton gamin n'est pas en train de surfer sur une vague Internet de pornographie ou de délation. Pour l'unique profit des *Google men's* qui se fichent bien de la génération acerbe et désabusée qu'ils fabriquent.

Être bienveillant, c'est aussi dénoncer la malveillance avérée.

Et lutter contre elle.

Chacun ses armes.

Les miennes ne sont que des mots.

Alors, à tout de suite sur: « Chapitre 2.com ».

CHAPITRE 2

Et, pourtant, au moment où j'écris, il fait beau sur mon antre de Martel.

Un soleil de mai tout juste chaud. À peine un dernier fil de stratus là-bas au loin, à la crête des chênes. Des oiseaux pressés qui passent en triangle. Assoupi dans les herbes hautes, le chien de porcelaine que les abeilles agacent. Le silence. La quiétude.

On pourrait entendre pousser les fleurs.

Rien que des couleurs douces. Le bleu pâle du ciel. L'ambre usé d'un vieux fauteuil. La robe baie d'un cheval derrière les barrières. Les pétales bariolés d'un bouquet composé dans un vase bistre. Une robe rose de petite fille en vrac sur un transat. La paix. Le bonheur.

On pourrait voir voler des anges.

Mais, posé sur la table de la terrasse, le diable noir. Rectangulaire, froid. Mon portable. Un peu plus loin, un autre Satan. Gris. L'ordinateur. Et dedans, des millions de vomissures, d'insultes, de délations. Un temps pourri ! Tempêtes, cyclones. Vacarme. Clash ! Buzz ! Blog ! Comme les onomatopées percussives d'un orchestre désaccordé. Tout pour nous inciter à vivre en « désharmonie ».

On pourrait entendre cracher en volcan tout le venin du monde.

Au fil des sites nauséabonds fleurissent des « sale juif », « pauvre pédé », « putain de nègre », des « truie immonde ». Et bien sûr des « anculé », avec la faute d'orthographe révélatrice d'une culture à la hauteur de la conscience humaniste. Niveau zéro. Les insultes fusent comme des vomissures d'après cuite. Et ce sont les victimes qui se réveillent avec la gueule de bois.

Le numérique a inventé la malveillance à la portée de tous. Le cadeau « hashtag » à la médiocrité ordinaire. La conquête de ta lune. Je veux dire une sodomie perfide dans le fondement de chacun. Un petit clic pour l'homme, un grand sale déclic pour l'humanité. Jadis, ragot de village, voilà cette malveillance sublimée internationale. Le pourri du coin peut contaminer la planète. Tu parles d'un rêve épidémique !

La majorité des délateurs qu'on m'a signalés sont des aigris chroniques, des rejetés. Ils crachent leur antisémitisme, leur racisme et leur détestation de toute forme de succès par jalousie et vengeance pure. En solo, ou cachés dans des sites de médias, ils dénoncent, polluent, invectivent, calomnient en toute impunité.

Abjects et anonymes. Pas de quoi s'attarder en descriptions insultantes supplémentaires en retour. J'en ai déjà trop dit. Le constat suffit. C'est ainsi. La marche du temps. La pomme croquée était prémonitoire. Le péché originel est devenu bien plus original. Apple, c'était la maison de disques des Beatles.

Le contre-chant est terrible: *« All you need is hate ! »*

Mon pote Jean-Mi n'avait rien de commun avec la plupart de ces cafards de l'ombre que je viens de répertorier. Il était cultivé, bâti en athlète, plutôt beau mec et respectable. À mille lieues de tous les frustrés énumérés précédemment. Un homme de goût, de finesse, professionnel de l'art pictural. Affalé sur son transat d'été, il pianotait sur son Mac. Une recherche architecturale ? Un historique de la peinture flamande ? Ou tout simplement, pour ce fan de foot, le calendrier de la prochaine ligue 1 ? Je me suis penché sur son épaule sans qu'il sente ma présence.

Et j'ai lu:

« T'es qu'un sale porc engraissé par l'argent du service public. Ta mère a dû te faire avec un singe malade. Faux gauchiste plein de fric, dégage ! »

C'est vrai que je n'ai pas une tendresse particulière pour le journaliste qu'il incendiait, bien loin de là. Mais tout de même.

J'ai signalé ma présence :

— Tu joues à ça, toi ?

— C'est pas beau de lire au-dessus de l'épaule des gens.

— Ok. Mais je n'aurais pas imaginé que tu te rabaisses à ça.

— Je ne me rabaisse pas. C'est lui qui nous rabaisse, cette ordure de révolutionnaire de luxe ! Il nous prend pour des billes. Avec notre argent, en plus. Alors je m'exprime.

— Et ça va servir à quoi ?

— À lui rendre un minimum du mal qu'il nous fait, s'il tombe dessus. Et puis, ça me soulage.

— C'est plutôt petit comme vengeance.

— C'est pas de la vengeance, c'est de la liberté d'expression.

— Ah non, pas d'expression ! De délation. Et en anonyme !

— Évidemment. C'est l'avantage. En plus, je le connais. Je le croise de temps en temps. Avant le Net, je lui aurais peut-être fracassé la tête. Aujourd'hui, je me contente de ça. Avoue qu'il y gagne, non ?

— C'est quand même fou. Tout à l'heure à table, quand on a parlé de mon projet de livre sur la bienveillance pour l'année prochaine, tu étais le premier à m'encourager.

— Je le suis toujours. C'est aussi de la bienveillance pour les honnêtes gens de dénoncer les usurpateurs.

Et on a disserté pendant des heures. Moi, balançant mon dégoût pour toute forme de délation. Assénant mes vérités sur le crime d'avoir mis cet outil de destruction et de calomnie dans les mains des plus fragiles d'esprit. Argumentant même sur Daesh, en affirmant que ces réseaux sociaux de malheur étaient le moteur premier de leur contamination idéologique.

— D'accord sur tout, m'a-t-il dit tranquillement. Mais cet « outil de destruction », comme tu dis, a construit une autre parole. Celle de ceux qui n'y ont jamais eu droit. Les politiques, les médias traditionnels, et tous ceux qui y ont accès nous ont imposé leur loi depuis toujours. Alors, c'est la moindre des justices, puisqu'on est prétendument en démocratie, que tout le monde puisse s'exprimer vraiment.

— Oui, mais n'importe qui peut dire n'importe quoi.

— C'est ça qui est bien ! Le vrai problème, ce n'est pas celui qui dit. C'est celui qui écoute et ce qu'il en fait. Si tu es assez stupide pour prendre au pied de la lettre un ragot, voire le propager, c'est qui le « cafard », comme tu dis ? Celui qui te crache à la figure ou toi qui avales le crachat au lieu de l'essuyer d'un revers de manche ?

— Tout le monde n'a pas la distance qu'il faut.

— C'est vrai. Mais l'essentiel c'est qu'aujourd'hui, chacun peut s'exprimer et être entendu. Et ça, c'est une véritable bienveillance pour tous ceux qui, avant, devaient se contenter de subir sans l'ouvrir. Alors moi, je dis, merci Zuckerberg !

— Tu sais quand même que ça détruit des vies ?

— Et alors ? Chacun la sienne !

La sienne, justement, s'arrêtera contre une barrière d'autoroute quelques mois plus tard. À cause d'un chevreuil en liberté qui traversait l'A71 un peu avant Orléans. Comme, au-delà de nos différences de vues, l'amitié nous rapprochait à grands coups d'humour cynique, j'ai demandé à sa compagne de poster sur son compte un message pour moi en son nom :

« D'accord, c'est cruel, un animal en cage. Mais, c'est une bête libre qui m'a tué. Alors, Brigitte Bardot, je t'emmerde ! »

J'aime beaucoup Brigitte. Mais j'aimais encore plus mon pote.

Bien sûr que les réseaux sociaux ont libéré des paroles. Bien sûr que, chaque jour, ils désenclavent des solitudes. Ils désennuient, ils réchauffent, ils rapprochent, ils sauvent parfois. Ils permettent de se découvrir, de se retrouver. Bienveillants, ils sont la lueur dans une vie noire. Ils apportent la lumière dedans comme autrefois les premiers poteaux électriques ont apporté l'éclairage dehors. Et pas que chez les modernes, les enfants de l'air du temps, les addicts du clavier parce que c'est l'époque. Ah, non ! Le beau virus touche toutes les générations, toutes les classes sociales.

Social est bien le mot. Le Net a brisé les frontières de classes. L'utopie communiste « slashée » ! Lénine, ne te relève pas ! C'est plus la peine. Le fossé se creuse toujours entre les plus riches et les plus pauvres, d'accord ! Mais le peuple a droit à la même parole publique que l'élite. C'est déjà ça ! Va savoir si le « grand soir » ne naîtra pas de ce jour nouveau ? Même le plus reculé des habitants de la terre peut participer à la lutte. À égalité de *tweet* avec le président des États-Unis.

C'est pas un vrai progrès, ça ?

Ma vieille tata Pépée est une enfant de l'air d'avant. À quatre-vingt-six ans, sa mémoire est encore peuplée des soirées de paroles, de récits, autour du « cantou ». Une authentique. Une vraie de vraie. Et pourtant, esseulée au fond de son Lot, depuis que son homme est décédé, la voilà geek rurale. Échangeant sur son Facebook des humeurs qu'en d'autres temps elle n'aurait pu confier qu'à son chien. Elle peut argumenter, édicter, partager, consoler… Exister, tout simplement.

Alors, oui, tu as raison, Jean-Mi, merci Zuckerberg ! La parole partagée à portée de tous est un véritable progrès humaniste. Mais à quel prix ?

Cette convivialité réchauffante mais fictive vaut-elle toutes les vies détruites par des ragots anonymes de basse fosse ?

Vaut-elle les illusions, les amours artificielles, les heures passées à converser avec le bout du monde en délaissant le plus proche de ses proches ?

Vaut-elle surtout la vie d'une seule gamine suicidée parce qu'elle était harcelée sur sa page Facebook ?

Ma hantise nouvelle. Mon cauchemar. La terreur que ma Lily, plus tout à fait enfant et pas encore ado, soit victime d'un pousse-au-crime. D'une ordure du clavier qui martèlera son honneur à chaque frappe de doigt sur une touche. D'un salisseur qui ne lui laissera que la solution ultime pour ne plus souffrir. Parce qu'avant, le harcèlement s'arrêtait aux murs de l'école. Aujourd'hui, en un quart de seconde, c'est aux yeux du monde entier que tu peux avoir à ravaler ta honte.

Maître « Arobaz », l'avocat de la défense du Web, répond :

— D'accord, mais n'exagérons pas non plus. Pas le monde entier. Même si effectivement cet étalage brutal et démultiplié est d'une violence terrible. Cependant, c'est sur un réseau social qu'est né aussi « Balance ton porc » ! Peut-être qu'il sauvera ta Lily d'un prédateur éventuel.

— Soit ! Alors, parlons-en !

Puisqu'au moment où j'écris on ne parle que de ça : le harcèlement sexuel. Et qu'il est de ma bienveillance de t'aiguiller dans ta conviction. Je ne dis pas de te convaincre de quoi que ce soit. Juste, comme je le ferai tout au long de ce livre, de te faire partager un ressenti. Libre à toi d'en tenir compte ou pas dans tes jugements ou dans tes actes. Et ce qui est bon pour le harcèlement l'est aussi pour tous les sujets que j'aborderai par la suite. Je tenais absolument à te préciser cela une dernière fois avant de continuer le voyage. Parce qu'en l'occurrence, le sujet est chaud bouillant, et qu'il faut avant tout, toi et moi, éviter de nous y brûler.

Il n'est pas un jour sans qu'apparaisse un viol nouveau jusque-là gardé secret. Les indélicatesses impardonnables de Weinstein ont lancé la chasse au porc. Et au fil des aveux, cette traque nécessaire s'est transformée insidieusement en chasse à l'homme.

— Il était temps ! clame la femme bafouée, humiliée, brisée.

Et comme elle a raison !

— On n'est pas tous des salauds, quand même ! réplique l'homme, qui sent peser sur lui un soupçon de machisme brutal à la moindre tentative de séduction.

Et comme il a raison aussi !

C'est l'exemple type de ce que la bienveillance a d'ambigu. De paradoxal. Cette « part des choses » qui nous accompagnera tout au long de ce livre. Parce que la dénonciation d'un salaud est de la plus haute bienveillance pour les victimes. Mais, cet hallali, s'il est calomnieux, relève de la plus vile des malveillances.

Et surtout, s'il est vrai que cette libération de parole était essentielle, elle commence à ériger des barrières incontournables entre les hommes et les femmes. Des « murailles d'échines ». À courber sous le joug de la défiance mutuelle. Et que le temps aura beaucoup de peine à éroder. Avec, cependant, un constat que je cautionne à cent pour cent :

— Quels que soient les dommages collatéraux, il fallait rompre l'omerta !

Ce n'est donc pas sur la dénonciation elle-même que je veux attirer ton attention, mais sur l'infinie bienveillance qu'il faut apporter à ces dommages collatéraux. Parce qu'il est assassin, le fameux :

— Y a pas de fumée sans feu !

Depuis que j'ai commencé l'écriture de ce livre, j'ai vu fleurir des dizaines de témoignages nouveaux. Enfin, « fleurir » n'est peut-être pas le mot, tant ça ne sent pas la rose. Des accusations contre des politiques, des stars.

Tous cautionnés par la seule prétendue bonne foi des accusatrices.

Qui dit vrai ? Qui dit faux ?

Le temps apportera peut-être la réponse. En attendant, l'accusé, quel que soit le verdict, devra porter à vie le fardeau de la suspicion. Le dernier dénoncé en date, ce matin même, 20 mai 2018, est le producteur Luc Besson. Parmi les commentaires du Web, il y a eu les farceurs évidemment qui s'en sont donné à cœur joie. J'avoue qu'ils m'ont fait sourire.

« Si elle lui a dit : "Luc, baisons !", c'est normal ! »

Drôle, si l'accusation est calomnieuse. Exécrable, si elle ne l'est pas.

Et puis tout un tas de considérations méprisantes ou solidaires selon l'estime portée à ses qualités cinématographiques. Comme si sa *Jeanne d'Arc* cautionnait ton sur ton sa condamnation pour sorcellerie. Avec en point d'orgue un seul commentaire qui peut résumer à lui seul ce que j'énonçais plus haut :

« Je ne sais pas si c'est vrai. Mais ça ne m'étonnerait pas. J'ai toujours trouvé ce type malsain ! »

Présomption de culpabilité. Délit de sale gueule. De compte en banque. D'âme torve. Pilori obligatoire. Sans la moindre preuve. Comme ça. Parce que c'est l'air du temps. Et ne crois surtout pas que j'absous les vrais coupables. J'y reviendrai dans quelques lignes. Mais la moindre des bienveillances ne serait-elle pas de savoir vraiment avant de condamner ? Une lapalissade, dont ma grand-mère avait fait un argument imparable pour me forcer à manger les haricots verts dont la vue ne m'inspirait vraiment pas :

— Goûte, avant de dire que c'est pas bon !

Et puisqu'on est dans ma Corrèze natale, restons-y.

Il y a trente ans, à Brive, deux amis avaient été accusés de viol par une femme. Une gourmande, nymphomane de haut vol. Un « brasero ». Entre parenthèses, « brasero » n'est pas une étiquette sexiste, n'en déplaise aux ultraféministes. Il existe aussi des femmes pour qui le sexe à tout-va est un mode de vie. La libido déchaînée, voire bestiale, n'est pas l'apanage du mâle.

Cette jeune femme avait sollicité mes deux amis pour une nuit torride qui avait enchanté les trois. Aujourd'hui encore, un de ces deux amis traîne la tache de cette nuit pendant laquelle son seul péché a été de partager d'un commun accord les plaisirs du libertinage.

— Qu'est ce qui s'est passé ?

— Elle était en couple avec un jaloux violent. Quand elle est rentrée chez elle le matin, le mari s'est emporté. Elle a inventé des excuses improbables. Et puis, à bout de coups et d'arguments, elle a reconnu qu'elle avait passé la nuit avec nous, mais qu'on l'avait forcée. Alors, il l'a encouragée à porter plainte. Et elle l'a fait.

— C'est allé loin ?

— Jusqu'au tribunal où elle a enfin dit la vérité. Et on a eu un non-lieu. Mais dès les premiers jours, ça a été un cauchemar. Le journal local a titré « Deux violeurs sous les verrous » avec notre photo. Sans autre preuve que les mensonges du « brasero ». Ça a foutu en l'air mon commerce et ma réputation.

Et comme mon ami a gardé, malgré tout, un sens de l'humour intact, il a ajouté :

— Le non-lieu, c'est l'escargot de la justice. C'est lent, et même si on te rend ta coquille, ça laisse toujours des traces !

J'entends déjà les féministes me clouer moi-même au pilori. M'accuser, en alignant ce contre-exemple, d'une bienveillance affichée et inadmissible envers le mâle dominant capable de tout.

Elles haranguent :

— D'accord, il y a quelques cas de fausses victimes. Mais ne s'arrêter qu'à ceux-là, c'est nier l'horreur tout entière. Parce que, quand même, c'est l'homme qui viole ! C'est l'homme qui se sert de sa force pour contraindre ! C'est l'homme qui use et abuse de son pouvoir pour assouvir ses plus bas instincts !

Tout à fait d'accord avec vous, mesdames. À une nuance près. Ce n'est pas « l'homme ». Ce sont « certains » hommes. Une quote-part de malveillants, de monstres. Un pourcentage d'indignes dont l'attitude dégradante ne justifie en aucun cas qu'on les décuple à l'infini pour établir une vérité universelle.

Ce qui dérange ma bienveillance chronique dans la traque actuelle, c'est le manque de mesure. C'est prendre pour vérité acquise la moindre dénonciation sans autre preuve que les yeux mouillés de la victime présumée. C'est l'acharnement aveugle contre la virilité affichée. Trancher des testicules à tout-va, sans discernement, est pour moi un pogrom insupportable. La castration médiatique de tout homme à la moindre posture de séduction avancée m'irrite au plus haut point. Et la complainte de certaines accusatrices, robe fendue jusqu'au nombril et seins proéminents en étendard, m'irrite encore plus.

Qui harcèle qui ?

— C'est bien la preuve que vous êtes le macho vulgaire que votre allure, vos blagues paillardes et vos façons laissent entrevoir ! clame la harpie de service.

Je réponds :

— Ça, c'est de l'a priori le plus primaire qui soit !

Elle s'enflamme :

— C'est le jugement que vous portez sur nous qui est primaire. Et intolérable. La bienveillance qui vous est si chère nous pousse effectivement à mettre pratiquement tous les hommes dans le même panier. Parce que depuis des siècles, ce sont eux les maîtres et nous les esclaves. Et il faut que cela cesse ! Pour le bien des femmes.

— C'est bien ce que je disais ! Vos œillères vous empêchent de voir les hommes comme ils sont. Multiples. Différents. Ce qui leur pend entre les jambes n'en fait pas des clones de bestialité. Ils sont ce qu'ils sont. Vous, vous ne les peignez que comme vous l'avez décidé. Monstrueux sans discernement. Avec une suspicion préétablie. Et en agissant ainsi, vous déconsidérez la cause pour laquelle vous luttez.

« La goutte de grenadine colore l'eau pure. Il suffit d'une larme d'intolérance pour transformer la plus légitime des bienveillances en malveillance avérée. »

En ce qui me concerne, j'ai la conscience plus que tranquille dans ce domaine. J'ai toujours été un

« cavaleur », comme on dit. Je ne m'en suis jamais caché. J'assume et assumerai toujours mes élans. Je les ai toujours accomplis dans le respect total du plaisir partagé. Le viol est pour moi un crime. Un acte de barbarie absolue. Qui plus est, la plus grande marque de lâcheté pour celui qui le commet. Une abomination dont je ne cautionne aucune des nuances atténuantes que certains tentent de justifier.

Un copain, en confidence :

— Écoute Patrick, moi, j'appelle pas ça un viol !

— Moi, si !

— Tu plaisantes ! Elle vient dans mon lit, elle commence à m'agacer. Des caresses et bien plus, enfin, tu vois ce que je veux dire ?

— Je vois.

— Et au bout d'un quart d'heure de préliminaires, wallou ! Elle dit qu'elle n'a plus envie.

— Et tu l'as fait quand même ?

— Ben oui ! Au début, elle a grincé, elle s'est débattue un peu, et puis elle a cédé. Je crois même que ça lui a pas déplu.

— Tu crois, ou tu es sûr ?

— En tout cas, elle n'a pas porté plainte.

— Elle aurait dû. Pour moi, ça reste un viol.

— Tu déconnes, là ?

— Non, je suis sérieux. Quelles que soient les raisons, quels que soient les aguichages d'avant, le viol c'est quand l'autre ne veut pas. Point.

— Je ne te croyais pas comme ça.

— Moi non plus, je ne te croyais pas comme ça.

— On n'est plus copains alors ?

— Si, mais tu vas m'écouter.

Et j'ai passé une heure à lui raconter tout ce que je savais de cette blessure ineffaçable. De l'humiliation. De la contrainte. Des poignets immobilisés et des coups à la volée. Des cris étouffés qu'on hurle à l'intérieur. Des yeux suppliants. Et, planté au fond du ventre, le poignard sans lame qui déchire bien plus. Je lui ai raconté sans pudeur tout ce qu'en tant d'années de « cavaleur », j'ai pu recueillir comme témoignages poignants de femmes salies. Au corps et au cœur lézardés par cette prédation immonde.

Celle-là par exemple :

Elle s'appelait Agathe.

Elle avait un de ces regards dont je te parlais dans le premier chapitre. De glace à fleur d'iris, mais qui pleure en dedans.

Elle s'appelait Agathe.

Elle m'a raconté avec des mots crus le moindre détail de son agression. Un vocabulaire sans précaution, comme pour reproduire la contrainte dans sa sauvagerie à l'image près.

Elle s'appelait Agathe.

Je lui ai demandé :

— Pourquoi tu n'as pas porté plainte ?

— Je suis jolie et je m'habille court. Les flics, ils auraient dit que c'est de ma faute.

— Pas forcément.

— Non, mais il y a des chances. J'ai des copines qui y ont eu droit et on a l'impression de se faire violer une deuxième fois. C'était au-dessus de mes forces.

Elle s'appelait Agathe.

Ça s'est passé en 1975. C'était une amie de ma sœur. Elle avait vingt-deux ans. Elle s'est suicidée avant d'en avoir vingt-trois.

Et c'est ainsi que j'ai rapporté à mon copain quatre ou cinq histoires semblables, qui par bonheur ne se sont pas terminées aussi dramatiquement. Mais qui ont marqué leurs victimes à vie. Nous avons terminé la soirée en bienveillance mutuelle. Lui, convaincu de changer définitivement d'attitude dans ses rapports amoureux. Et moi, heureux d'avoir peut-être épargné l'honneur d'une future victime.

Pour conclure sur ce sujet, encore une fois, je t'encourage à faire la part des choses. Éviter les jugements péremptoires, bien entendu. Te boucher les oreilles aux sirènes extérieures pour n'écouter que ta conviction intime et bienveillante. Le harcèlement est à la mode. Hélas ! Et tant mieux ! Tant mieux pour la parole libérée. Et hélas ! Car je crains que cela ne reste qu'un effet de mode, justement. Un essartage bénéfique qui nous débarrassera provisoirement des plus mauvaises herbes. Mais une fois usés les effets d'annonce, je redoute que la multiplication des dénonciations infondées ne rejette ce combat légitime dans la banalité.

En ajoutant, encore une fois, pour en finir vraiment, que toute cause défendue à l'excès et sans discernement est néfaste à cette dite cause. C'est une femme, la mienne, Nana, qui me souffle le mot de la fin :

— J'ai entendu les arguments des ultraféministes. Il paraît que le harcèlement commence quand une femme dit « non », et que l'homme insiste.

— C'est ça.

— Si je me souviens bien, à notre première rencontre, je t'ai envoyé bouler.

— Ah, oui ! Et c'est un euphémisme. Vu ma réputation, tu m'as dégagé sans ménagement.

— Et tu as insisté.

— Eh oui ! Et j'ai bien fait. Aujourd'hui ça fait vingt-sept ans de fusion, de respect et d'amour.

— C'est vrai. D'ailleurs, si tu voulais bien me harceler un peu plus ce soir, je te jure que ne porterai pas plainte.

— D'accord ! Mais on va attendre que Lily s'endorme.

Lily.

Ma fille.

Mon soleil de onze ans. Ma pré-ado qui file tout droit vers les dragueurs, les séducteurs de tout poil. Comment veux-tu que je ne tremble pas chaque heure de chaque jour en anticipant les prédateurs ? Comment veux-tu que je ne sois pas solidaire des dénonciateurs qui pourraient lui éviter le pire des outrages ? Comment veux-tu que je ne redoute pas l'attaque, la salissure ? La blessure indélébile qui l'expulserait de l'enfance sereine pour peupler son sommeil de cauchemars. Qui ruinerait, non seulement son adolescence, mais sa vie entière en écho.

Et, tout aussi pire, je redoute surtout que ce soit elle qui devienne une « chose » inconséquente et dépravée comme j'en vois tant, de plus en plus jeunes. Ce putain d'ordinateur a déjà fait tellement de dégâts à son âge. Les tablettes des copines lui ont déjà montré les pornos à la portée de n'importe qui. J'ai eu beau être vigilant, tout verrouiller, le cancer du Net a déjà métastasé sa candeur par « applis » de cours de récréation interposées. Des sites sans filtres, offerts à la curiosité naturelle de nos mômes.

Et on va où, là ? Et ils vont en faire quoi de nos enfants, ces rapaces sans morales qui leur offrent la débauche et le plus sale de « l'amour » à portée de clic ? Et elle est où, la bienveillance de nos dirigeants pour éradiquer cette peste numérique ? Les ministres responsables se pavanent en combats d'adultes, en délaissant l'urgence absolue de protéger nos gamins et nos gamines. Qu'est-ce qu'on attend pour fermer des sites ? Pour mettre des clés, des verrous ? Pour condamner les diffuseurs ?

— Difficile, voire impossible. Il faut respecter la liberté d'expression !

Tiens, la revoilà celle-là ! Si malmenée quand il s'agit d'humour, et tant surprotégée quand elle se nourrit des plus bas instincts.

Le prude me tacle :

— Tu es quand même le plus mal placé pour parler de ça, Patrick. Toi qui te vantes ouvertement d'une liberté sexuelle à tout vent. Toi qui as fait l'éloge des clubs libertins !

Ce n'est pas la liberté sexuelle de ma fille qui m'effraie. Je la lui souhaite de tout cœur. Ce qui me terrifie, c'est le timing. La précocité de la connaissance de tout. La frustration du manque de temps de la découverte, de la part de rêve. Le gavage obligatoire. C'est écœurant, le caviar à la louche ! Je me fous des frasques à venir de ma princesse. Je lui souhaite même d'en éprouver autant de plaisir que j'ai tiré des miennes. C'est le désenchantement qui me fait peine.

L'overdose.

« À atteindre trop tôt le ciel de leur marelle, les nuages couvrent le soleil de nos enfants. Blasés, ce qui devait être lumineux devient terne. Gris. Pluvieux plus tard, parce qu'ils sont plus vieux plus tôt. »

Charlène, ma copine du bois de Boulogne, confirme :

— Avant je n'avais qu'à me déshabiller pour que le môme de vingt ans ait une érection. Aujourd'hui, il faut lui faire tout un cinoche. Il a tout vu, tout connu. Ils ont des libidos de vieux. Non seulement c'est inquiétant pour eux, mais ça me prend un temps fou !

Hors la considération pratique de planning saturé de ma copine, ça pose quand même un vrai problème de société. Aujourd'hui, on vaccine à tout-va nos enfants pour leur éviter grippe, polio, tétanos, etc. C'est quoi le vaccin contre l'épidémie de l'écran tactile ?

— L'autorité, cher monsieur, répond le sévère. L'interdiction absolue, la contrainte, la punition. C'est la première des bienveillances dans une éducation.

— Le dialogue, cher monsieur, répond le laxiste. Le laisser faire parce qu'on ne peut rien contre la marche du temps. Mais avec explication et responsabilisation. C'est la première des bienveillances dans une éducation.

Deux visions. Deux convictions opposées qui m'entraînent à présent à élargir le sujet de notre voyage. À passer du particulier au général. À laisser pour l'instant de côté la dérive du numérique, afin d'aborder le long fleuve de l'« Éducation bienveillante » avec un grand « E ». Celui d'« Élever », de s'« Efforcer », d'« Encourager », d'« Établir les bases les plus solides possibles pour un avenir paisible de nos progénitures ».

Avec une question essentielle :

— La bienveillance dans l'éducation d'un enfant doit-elle être autoritaire ou libertaire ?

Le sujet m'a déjà valu, dans l'émission *On n'est pas couché*, une pluie de horions de la part de Yann Moix. Pas la peine de déterrer la hache de guerre. De guère surtout, tant il y a peu d'intérêt à revenir sur cette mésentente.

Petite parenthèse quand même sur une récente sortie de Yann Moix à mon égard.

Il a déclaré à *Paris Match* :

« Patrick Sébastien est un des invités les moins intelligents que j'ai croisés. »

Je ne me suis pas donné la peine de répondre. Cela a juste fait résonner dans ma mémoire la phrase de « Tonton », le professeur de philo alcoolique et anarchiste qui me donnait des cours en clandestin quand j'ai passé mon bac en candidat libre. À l'époque, je jugeais allègrement l'intellect des autres. Je traitais de « cons » de-ci, de-là, tous ceux qui me paraissaient limités dans la compréhension des choses.

Ça a été la première leçon de « Tonton » :

« Le premier pilier de la bêtise est de juger avec dédain l'intelligence des autres ! »

Dont acte ! Et fin de la parenthèse.

Il faut que je rappelle quand même les faits de cette altercation médiatique avec Yann Moix. Non pour régler un compte que j'ai clos depuis longtemps, mais parce qu'ils s'inscrivent complètement dans le sujet de ce livre.

Ce soir-là, dans l'émission, j'ai expliqué qu'enfant j'avais reçu quelques légères punitions physiques qui ne m'avaient pas traumatisé outre mesure. J'ai ensuite ajouté très clairement que je désapprouvais totalement cette violence-là. Et, surtout, que j'étais incapable de lever la main sur mes enfants. Cependant, aveuglé par une agressivité irraisonnable, Yann Moix m'a accusé de cautionner toute violence faite aux enfants, même les pires. Au nom de sa propre expérience d'enfant battu. Nous ne parlions pas du même sujet. Lui, de la barbarie programmée et indéfendable, et moi, d'une éducation d'un autre temps.

Je ne m'attarderai pas plus. Mais je persiste et je signe : à titre personnel, je ne condamne pas les violences légères que j'ai pu subir. Elles ont peut-être aidé à me solidifier. Et de toute façon, elles ne m'étaient pas imposées dans le but de me détruire, mais de me construire. Mais, je n'y adhère pas. Et je te le mets même entre guillemets, pour être sûr cette fois que mon propos ne sera pas sorti de son contexte et détourné :

« Je suis contre tout châtiment corporel sur un enfant, même le plus léger. »

Et là, certains de mes amis m'interpellent :

— Désolé, Patrick, mais une petite claque ne fait pas de mal quand l'enfant s'entête. Il y en a qui ne peuvent comprendre que ça.

Un autre ajoute :

— Puisque tu parles de bienveillance, on est pile dans le sujet. La vraie bienveillance pour ton môme c'est de le mettre sur le bon chemin. Et si la seule manière de le ramener sur la route quand il s'égare, c'est le bâton, c'est de la malveillance de s'en passer.

Et la conversation s'enflamme.

J'ai droit à tous les arguments. Ça va de l'ado dévergondée dont une bonne gifle calmerait peut-être les ardeurs, à la racaille qui, s'il avait pris une dérouillée de temps en temps, respecterait un peu plus les autres. Certains attribuent même le terrorisme à des enfances délinquantes insuffisamment réprimées. C'est certes recevable. Mais pas pour moi.

Je réponds :

— Désolé aussi, mais moi je crois au dialogue, à l'explication, à la persuasion. Et en aucun cas à quelque violence physique que ce soit. C'est ma vision de l'éducation bienveillante. Je sais que le but est avant tout de préparer son enfant à réussir sa vie. La « bienveillance » des sévères est de le forcer, même par la violence, à se donner toutes les armes pour y arriver. La mienne ne se satisfait que des paroles. Des mots de cocher tranquille. Guider sans fouetter.

C'est un débat sans fin que je te laisse poursuivre avec tes amis ou ta conscience. Je ne peux rien t'affirmer ou te conseiller. Ma position ne concerne que moi, et moi seul. Je ne suis pas sûr d'avoir raison d'être un bienveillant laxiste, mais je ne sais pas faire autrement. Je peux juste te donner deux exemples pour assister ton intime conviction. Un cas de « bienveillance sévère » et l'autre de « bienveillance douce », qui ont eu un dénouement commun dramatique, hélas !

D'abord, la fille d'un couple de mes relations dans les années 1980. Famille petite bourgeoise nombreuse. Cinq enfants. Catholiques pratiquants. Exemplaires dans l'imagerie du couple parfait. De vrais généreux, bienveillants en tout. Mais intraitables sur l'éducation. Avec la volonté affichée de faire de leur petite dernière, Aurore, une « fille bien », comme me disait le père.

(L'anecdote étant malheureusement authentique, j'ai changé le prénom de la jeune fille par discrétion.)

— Je ne veux pas forcément que ce soit une tête, une première, me disait-il. Je veux juste en faire une femme heureuse. Qu'elle apprenne à respecter les autres. Et, en ce qui la concerne en particulier, qu'elle s'applique à se respecter elle-même. Parce que c'est mal parti. Et j'emploierai tous les moyens qu'il faut. Quitte à ce qu'elle souffre aujourd'hui pour moins souffrir après. Ce n'est pas de la sévérité aveugle. C'est de la bienveillance.

Parce qu'Aurore était rebelle. Vivace. Forte tête. L'exception de la famille où chaque enfant rentrait dans le rang au moindre haussement de voix de la mère. Pour l'insoumise, c'était l'arrogance, l'insolence et l'entêtement à ne faire que ce qu'elle voulait. Et ça irritait fortement les parents. Surtout de voir cette petite, même s'il elle leur ressemblait physiquement, être si différente dans ses raisonnements et sa conduite. Une faute d'atavisme, en quelque sorte. Impardonnable !

Alors, c'était souvent la punition. Sévère. Physique. Quelques fessées au début, et puis des gifles au début de l'adolescence. Et, bien plus coercitif, en cas d'insolence grossière ou de résultats vraiment insuffisants en classe, l'enfermement sans manger pendant un week-end entier. Il m'arrivait de la croiser, les yeux bouffis de larmes. J'osais parfois dire au père :

— Elle pleure beaucoup pour quelqu'un que tu veux rendre heureuse.

— Justement. C'est aussi pour ça que je la punis. On ne pleure pas chez nous. C'est de la faiblesse. Les larmes, c'est pour ceux qui sont seuls. Et nous, on est une famille. On s'aime. Elle n'a aucune raison de s'apitoyer sur son sort.

Je renchérissais :

— Et la priver de manger, ce n'est pas un peu trop ?

— Ce n'est pas le ramadan, quand même ! me rétorquait la mère en souriant. De toute façon, on ne dresse pas un animal sauvage avec des mots.

Et puis l'animal sauvage en a rencontré un autre. La môme s'est retrouvée enceinte à seize ans. Circonstance aggravante, elle ne voulut jamais avouer de qui. C'était l'époque où partout sur les ondes on entendait : *Elle a fait un bébé toute seule* de Goldman. Jean-Jacques n'y était pour rien. C'était l'air du temps. Alors bien entendu, on a parlé d'avortement. Totalement exclu, évidemment. L'intégrisme religieux ne s'accommodait ni du péché ni de son absolution chirurgicale. Ne restait que le reniement provisoire. Le père, après avoir copieusement humilié devant ses autres enfants sa « fille indigne », qui par sa faute avait déshonoré la famille entière, a choisi de l'expédier en train dans la famille maternelle sur les bords de Loire.

Aurore s'est envolée par la porte du compartiment juste avant Tours, un après-midi ensoleillé de juin 1988.

Le pire a été pour moi quand je suis venu présenter mes condoléances. Le père était prostré. Muet. Son regard était déchirant de culpabilité. Christique. Comme s'il savait que son chemin de croix ne s'arrêterait jamais. Mais ce qui m'a bouleversé le plus, c'est l'attitude de la mère. Même pas voûtée par le chagrin. Au contraire. Raide. Froide. Impitoyable.

— Tu vois, Patrick, m'a-t-elle dit, la voix sûre, tu avais tort quand tu disais qu'il fallait être plus indulgent. On n'a pas été assez sévères. Si on l'avait punie un peu plus, elle n'aurait jamais rencontré ce sale garçon qui l'a engrossée.

Le mot « engrossée » a eu du mal à passer, mais j'ai surmonté mon dégoût pour dire :

— C'était peut-être de l'amour. Ce n'est surtout pas une critique, vous avez fait de votre mieux, mais vous auriez peut-être dû…

J'ai arrêté ma phrase en chemin. De toute façon, elle avait déjà tourné les talons. Aucun des quatre autres enfants présents dans le salon n'avait les yeux embués.

Mais en avaient-ils la permission ?

Pour ce qui est de la « bienveillance douce », l'histoire concerne le fils d'un de mes ex-musiciens. Un soir, en *backstage*, après un spectacle en Savoie, j'avais vu Jo, mon guitariste, allumer un joint à son gamin de quatorze ans. Le mien, Sébastien, avait le même âge. À l'époque, il s'occupait des éclairages sur la tournée. Il n'était pas loin de nous. Je l'ai désigné à Jo en disant :

— Ça, tu vois, je le lui interdis formellement.

Le vieux soixante-huitard cool et adorable de détachement qu'il était m'avait évidemment répondu en souriant :

— Il est interdit d'interdire !

Et on avait parlé longuement de notre vision totalement opposée de l'éducation d'un enfant en ce qui concernait les stupéfiants. Notre but était le même : faire que notre gosse en évite le piège. C'était l'époque où la drogue arrivait en force. Et la protection de nos enfants par rapport à ce « fléau » pour les uns et ce « bienfait » pour d'autres était au centre de toutes nos conversations.

— Le pétard, c'est moins dangereux que dix pastis par jour, m'avait bien entendu opposé Jo.

— Tout à fait d'accord. Mais c'est le premier pas. La dérive vers des drogues plus dures est bien plus violente.

— Ça dépend de la conscience que tu as de la dangerosité. Moi, je fume depuis trente ans, a-t-il renchéri. J'en fais même pousser sur mon balcon. Est-ce que j'ai l'air d'un junkie irresponsable ?

— Non, mais toi, tu as eu le recul nécessaire pour ne t'arrêter qu'à ça. Moi, je pense que ça peut être le début d'un sale engrenage. Et franchement, ça me choque de te voir, non seulement cautionner, mais encourager ton gamin.

— Je ne l'encourage pas, je lui explique. De toute façon, ils y passeront tous. Même le tien. La différence, c'est que ça sera en cachette. En partageant avec lui, je resserre nos liens de génération à génération. Et je le préviens de tous les dangers des excès. Je pense que cette confiance que je lui fais sera sa sauvegarde contre le pire. Je préfère lui parler en copain qu'en père.

— C'est bien ça qui me gêne, justement. On n'est pas des copains, on est des pères.

— L'un n'empêche pas l'autre. Le meilleur moyen de les pousser dans la connerie, c'est de la leur interdire et de les punir en cas de dérive. Moi je crois au dialogue. À la bienveillance. Tu sais bien comment sont les ados.

— Justement. Fragiles. Je pense qu'il vaut mieux, dans ce cas-là, être intraitable.

Dans notre opposition amicale, il y avait toutes les nuances de notre approche différente de Mai 68. Pour lui, une révolution indispensable dont tous les acquis libertaires étaient positifs. Pour moi, une foule de bémols. Étayés, par exemple, par le fait que le plus important de ce qui me restait de l'école, c'était l'avant 68. C'était quand les profs étaient autoritaires. Et que les élèves n'avaient droit qu'au silence en classe et à l'obéissance absolue. L'obligation de se mettre en rang. Les heures de colle impitoyables. Et une rigueur, parfois injuste, mais qui nous poussait à nous appliquer.

Après 68, tout avait changé. C'était bien plus agréable, c'est sûr. Sous les pavés, la plage. Et sur la plage, des transats pour glander ! La liberté de parler, de contester. L'autorisation du débraillé à la fois dans la tenue et les idées. Les punitions transformées en débats de responsabilisation. L'enseignement par la persuasion, et non par la contrainte. J'avais adoré. Ça avait fait de moi un ado bien plus épanoui. Plus ouvert, plus tolérant. Même si mon application aux pures études en avait fortement pâti.

Parce qu'avec le recul, en terme de connaissances, l'essentiel de ce qu'il m'en reste aujourd'hui date surtout d'avant 68. Et même si j'ai profité à fond avec un infini plaisir de cette liberté, j'ai pris très vite conscience de ce que j'y avais perdu en terme de savoir. C'est cela surtout qui me poussait à préférer pour l'avenir de mon môme l'interdiction au laxisme.

Une opposition de point de vue avec mon pote Jo, qui résume tout le sujet de ce chapitre. Une opposition qui perdure bien au-delà des relents soixante-huitards. Une opposition qui n'a rien changé à la fin dramatique de nos enfants, hélas !

Le mien s'est tué en moto. Le sien est mort d'une overdose.

Évidemment, à la suite du décès du fils de Jo, nous avons reparlé de son laxisme. Était-il la cause de la plongée de son môme dans les abysses des drogues dures ?

— Je ne pense pas, m'avait-il répondu. Ce n'est pas pour me dédouaner. J'ai ma part de responsabilité. Mais pas plus que si je le lui avais interdit. Toi, je t'ai entendu dix fois menacer ton gamin quand il a eu sa moto. Lui dire que tu ne l'avais jamais frappé mais que tu serais capable de le faire si tu apprenais qu'il roulait trop vite.

— C'est vrai. J'aurais peut-être dû le faire.

— Non. Ça n'aurait rien empêché. C'est comme ça, c'est la vie.

Il a allumé un énième pétard et on a enchaîné avec de l'humour noir. Parce qu'on se console comme on peut. Il m'a dit :

— Une moto japonaise, du chanvre indien. Pas top, la magie de l'Orient !

Et j'ai souri quand même. Parce qu'il fallait bien. L'humour cynique en emplâtre sur nos blessures toutes fraîches. Et puis, on a continué à parler d'eux. De nos fautes d'éducation, de nos réussites. De la bienveillance bien sûr, puisque dans toutes nos passes d'armes au sujet de nos mômes, c'est le mot qui revenait le plus souvent. Jusqu'à ce que Jo achève la conversation en se levant de sa chaise, et en me laissant seul avec ces derniers mots :

— Et si la vraie bienveillance pour les enfants était de ne pas en faire ?

C'est une question que je me poserai souvent par la suite. Et que je t'encourage à te poser toi aussi au moment de déclencher la course des spermatozoïdes. Pas sûr que le gagnant ait accès aux podiums, aux honneurs et aux médailles. Peut-être qu'il n'aura droit qu'aux claquages et aux déchirures. Et si la destinée que tu lui as imposée n'était que de voyager dans la voiture balai ?

C'est une question qui m'a obsédé lorsque j'étais au chevet du petit Louis, il y a dix ans. Un môme. Une leucémie l'emportera en un an. Faire un enfant, c'est le condamner à vivre. À rire bien sûr, à s'épanouir. Mais c'est aussi le condamner aux peines, aux maladies, aux chagrins, aux douleurs. Lorsqu'il sort du ventre de sa mère, on explose de joie. Et lui, il pleure.

Prémonition ?

Bien sûr que non. On fait des enfants en leur souhaitant le meilleur. Et la majorité d'entre nous épuise toutes ses réserves de bienveillance pour rendre la vie la plus agréable possible à sa descendance. Mais je ne peux m'empêcher de ranimer ma culpabilité à chaque revers que la vie inflige à ceux à qui je l'ai donnée.

C'est plus fort que moi. Je me dis que si j'avais été réellement bienveillant, je me serais privé des joies de la paternité pour ne pas imposer à mes gosses une existence dont je savais très bien qu'elle serait semée d'embûches. C'est d'ailleurs pour fuir cette culpabilité-là que Denise, la maman de mes nuits libertines, n'a jamais voulu procréer.

Elle argumente :

— Je n'étais pas faite pour ça. Il y a d'abord le fait que je ne voulais pas donner la vie à un être qui allait souffrir. Surtout à notre époque. Je plains les générations qui viennent. Entre les interdits, les dingues qui flinguent à tout-va, l'artificiel qui bouffe tous les rapports humains, ce ne serait vraiment pas un cadeau.

C'est vrai que Denise est une *aficionada* du « c'était tellement mieux avant ». Je ne lui donne ni complètement tort, ni complètement raison. Les enfants à venir trouveront sans doute leur bonheur ailleurs. Ils feront avec. Et il n'est d'ailleurs pas certain qu'ils s'en sortent plus mal que nous. La bienveillance qui consisterait à ne pas en faire pour ne pas les livrer à une vie de galères annoncées est encore une fois paradoxale.

Et si justement la bienveillance était au contraire d'en faire un maximum pour peupler la terre d'une autre génération ? Plus aboutie, plus sage que nous. Et si une surmultiplication pouvait enfin abolir nos divisions ? Il n'y a que l'avenir qui nous donnera la réponse.

L'autre argument de Denise pour refuser de se reproduire est beaucoup plus recevable :

— Je ne suis pas une mère, et je l'assume sans honte. Elles sont tellement à ne pas mesurer qu'elles sont incapables d'élever un gosse, mais elles pondent quand même. Pour moi, elles sont pires que les putes ! Que tu écartes les cuisses pour du pognon, je peux le comprendre. Mais pour faire un gamin dont tu sais très bien que tu ne t'en occuperas pas, ça me fait vomir !

Direct. Violent. Implacable et définitif. Mais réaliste.

J'en ai tellement vu faire des enfants comme on s'offre un cadeau à Noël. Pour s'amuser un peu avec quelques jours et les mettre au placard en attendant le Noël prochain. Ces exemples de malveillance parentale pullulent. Parmi les moins graves, il y a les gamins qu'on plante devant la télé hypnotique histoire de voler des instants de quiétude. Plus traumatisant, ceux qu'on prend en otage à chaque dispute conjugale pour faire valoir son bon droit. Et, bien sûr, les exilés forcés pour divorce.

— Tu préfères aller chez ton père ou chez ta mère ?

— Je préfère rester avec vous deux.

— Désolé, mais on ne se supporte plus. Il vaut mieux que tu vives un coup chez l'un, un coup chez l'autre, en paix, que chez les deux en guerre.

— Et chez les deux en paix ?

— Désolé encore, mais ça ne peut pas se faire.

— Alors c'est moi qu'il ne fallait pas faire !

Je me souviens d'un môme de dix ans à la main de sa mère, un soir d'après concert dans la loge. Fan de moi. Les yeux ébahis. Mais trop cernés pour son âge. Et, moi, spécialiste en regards blessés, tu le sais, je l'ai tout de suite devinée, la cassure. Au bout des compliments d'usage sur moi, j'ai compris qu'il fallait que je parle d'eux. Que ma bienveillance pouvait peut-être réparer un bout de ciel. Y mettre un rayon de soleil.

— Vous l'élevez seule ? ai-je demandé à la mère.

— Oh oui ! s'est-elle empressée de répondre. Et heureusement !

Avant de se lancer dans un réquisitoire implacable :

— Le père, c'est un salaud, une ordure. Il m'a mené une vie d'enfer pendant quatre ans. Il buvait. Il me cognait.

Et, en prenant le gamin à témoin :

— Tu te rappelles comme il me cognait ? Hein ? Vas-y. Dis-le à Patrick !

Le môme opinait, les yeux baissés. Elle a renchéri :

— J'ai fini par arriver à le quitter, mais ça n'a pas été facile. J'ai eu des menaces. Il a fallu que je porte plainte. Heureusement que j'ai fait témoigner le petit. Parce que lui aussi, il a souffert à cause de ce fumier. Hein, qu'il t'a fait du mal ?

Et le gamin opinait encore, les yeux de plus en plus tristes. Une grosse larme a coulé.

— Vous voyez ! m'a-t-elle dit. Le mal qu'il a pu lui faire à mon fils. Il en pleure encore tous les jours. Et ce salopard ne me donne même pas un centime de pension !

Déchirant. Presque insoutenable.

Parce que je savais qu'à ce moment-là, les sanglots de l'enfant n'étaient pas en mémoire des sévices passés. C'était la scène qu'il vivait qui le déchirait. C'était cet acharnement aveugle de la mère, le prenant comme témoin obligatoire. Comme caution de sa propre haine. Otage d'un abominable procès pendant lequel il n'avait que le choix d'acquiescer en silence. Je me suis même surpris à mettre les plaintes de la mère en doute. Tant elle en rajoutait devant son môme sans aucune conscience du mal qu'elle lui faisait.

Nous n'avons pas le droit d'assujettir nos petits à nos différents de couples, si justifiés soient-ils. C'est un crime contre l'enfance. Penses-y à chaque altercation conjugale, à chaque reproche intime. La première bienveillance pour nos enfants est de les éloigner de nos pollutions d'adultes. De les tenir à l'écart de nos coups de sang et de nos coups de gueule. Et méfions-nous des cloisons ! Elles ne sont pas étanches aux sons des bagarres de mots. Ils sont tant à ne rien contenir de leur furie. En n'étant même pas conscients que chaque coup porté, chaque insulte, est un uppercut à l'âme des gamins d'à côté.

« On dit parfois qu'on devrait interdire à certains parents d'avoir des enfants. Il faudrait surtout interdire à certains enfants d'avoir des parents. »

Parce qu'il y a pire. Bien pire que les algarades inconscientes en présence de la progéniture. J'en ai été témoin. C'est quand le père et la mère sont abominables et impardonnables d'un commun accord. Ce sont des gosses abandonnés pour les vacances comme on attache un chien à un arbre. Ce sont des sirops narcoleptiques pour assommer le petit ange, le soir, histoire de sortir faire la fête. Ce sont ceux qu'on laisse des heures en plein soleil dans la voiture, le temps des courses et parfois d'une petite bière au frais à la cafétéria du supermarché. C'est même, je l'ai vu récemment dans un célèbre camp de naturistes, la femme en panoplie masochiste tenue en laisse par le mari nu, qui déambule dans la rue, en tenant ses enfants par la main. Pour moi, l'abjection absolue. Infect !

Juste un dernier exemple, pour solde de tout mauvais compte. Il se peut que je te l'aie déjà raconté dans un autre livre, mais je n'ai pas le temps de vérifier. Il me vient comme ça, et ça illustre tellement bien mon propos que je ne peux pas y renoncer.

C'était au 106, chez Denise. Le club libertin de toutes les audaces, mais aussi de tous les bienfaits. Il était deux heures du matin. Un gamin de neuf ans s'est encadré dans le judas de la porte d'entrée. Denise a ouvert.

— Qu'est-ce que tu fais là, toi ?

Le môme, tout gêné, a murmuré d'une voix à peine audible :

— Ma maman est dedans. Elle m'a dit de l'attendre. Mais ça fait deux heures déjà. C'est long, madame.

— Elle est comment ta maman ?

— Blonde avec une robe rouge avec des trous et rien avec.

Denise a foncé au sous-sol. Elle a dégagé avec force la femme de l'homme qui la couvrait et lui a asséné deux énormes gifles en la traitant de tous les noms. Puis elle l'a reconduite en haut, et l'a rendue à son enfant en disant au gamin :

— Excuse-moi. C'est de ma faute. Ta maman était venue me demander un service, et c'est moi qui l'ai retenue.

Bienveillante.

Comme disait Coluche :

« Il y a des gens qui ont des enfants parce qu'ils ne peuvent pas avoir de chiens ! »

En même temps, les chiens ne font pas de moto ! À un pedigree près, ça m'aurait évité le pire.

Humour cynique encore.

Ma bienveillance envers moi-même.

Certains en ont tant manqué à mon égard après la mort de mon petit.

Des journalistes hyènes qui, à peine le cercueil refermé, ont harcelé mon chagrin pour l'étaler sans vergogne à la une. D'autres qui ne m'ont même pas laissé le répit du deuil avant de me déprécier artistiquement. D'autres encore, jaloux malfaisants, qui se sont réjouis haut et fort de ce coup du sort. En arguant que finalement, c'était bien fait pour ma gueule. Parce que riche, célèbre, et heureux, ça fait quand même un peu trop !

— Saleté de gens ! éructait mon vieux Préboist.

Je t'avoue qu'à cette période-là, elle a eu un gros coup de mou, ma bienveillance chronique. Elle a été forte, la tentation de me ranger du côté des salopards. De faire moi aussi du mal à ceux qui me faisaient du mal. De rendre coup pour coup. Œil pour œil, dent pour dent. J'en ai cassé deux, d'ailleurs, à un infâme qui avait traîné mon chagrin dans la boue.

Mais ça n'a été qu'un feu de paille. Je me suis rapidement éteint. En me battant chaque jour contre moi pour transformer la rancœur en indifférence. Un combat que je te conseille fortement, bien entendu. Mais je te préviens : il est âpre. Il demande une maîtrise de chaque instant. Mais la jouissance qu'on tire d'une victoire sur nos propres démons est infiniment plus forte que celle qu'on puise à abattre les diables du dehors.

C'est l'exemple parfait de la bienveillance pour soi-même. Celle sur laquelle je reviendrai longuement en fin de voyage. Celle que tout être qui veut vivre en paix doit absolument s'appliquer. Avec sans cesse à l'esprit la formule magique. Le sésame :

« Apprendre à faire avec. »

Le cri de guerre des désespérés optimistes. Désespérés parce qu'on ne peut rien contre l'inéluctable. Et optimistes parce qu'on veut croire quand même aux lendemains qui chantent, qui rient et qui aiment.

Tout ça sous couvert de bienveillance divine.

Puisque Dieu est amour, paraît-il.

Un chapitre mystique pour continuer le voyage, alors ?

Pourquoi pas ?

Et Maman, perchée sur mon épaule, comme dans les livres précédents.

En sentinelle.

Qui veille… Qui surveille… Qui « bienveille ».

CHAPITRE 3

Bientôt dix ans que Maman est partie.

Et bientôt dix ans qu'elle est restée.

Là, tout près de mon oreille. Invisible et bavarde. Irréelle et lancinante. Pour me conseiller, me prévenir, me soutenir, me rassurer. Et, néologisme qui te servira, je l'espère : pour me « bienveiller ». Dix ans de cette si présente absence que je t'ai fait partager dans chacun de mes livres précédents.

Pour celui-là, j'avais décidé de ne pas lui donner la parole. De ne garder sa voix que pour moi. De ne te confier aucun de ses murmures. De ne retranscrire aucune de ses réserves, de ses conseils, de ses colères ou de ses attendrissements au fil de mon écriture. En sachant que même si certains de mes lecteurs ont des réserves sur ce dialogue imaginaire, d'autres l'apprécient vraiment. Tout simplement parce que cet échange paranormal les renvoie à leurs conversations intimes avec leurs absents à eux.

— Pourquoi ne voulais-tu plus me citer ? demande-t-elle.

— Pour ne pas que ça devienne un système. Une béquille d'écrivain chaque fois que les doigts se dérobent. Pour être seul à guider mes mots.

— Par orgueil ?

— Non, par honnêteté. Pour que ceux qui me lisent ne croient pas à un « truc ». À un subterfuge littéraire. Un effet de style.

— Je t'aurais parlé quand même.

— Oui. Mais je me serais obligé à ne le garder que pour moi. Alors, j'ai commencé ce livre sans te faire parler, et puis, j'ai changé d'avis.

— J'en suis très heureuse. Et tu t'es aperçu quand que tu ne pouvais pas écrire sans que j'intervienne ?

— Tu le sais bien.

Bien sûr qu'elle le sait.

C'était au milieu du deuxième chapitre. Je me disais que c'était très bien comme ça. Que ma vérité pouvait glisser sans son aide. Que je n'avais nul besoin d'une maîtresse de conscience pour me reprendre à tel ou tel écart de langage ou de raisonnement. Que mes mots sur le clavier se suffisaient à eux-mêmes. Que je pouvais me priver d'imprimer ceux qu'elle me soufflait.

Et puis, il y a eu le spectacle au Mans.

J'avais abandonné le temps d'un week-end, contrat oblige, le Patrick auteur, pour l'autre, le Patrick festif qui fait chanter sur *Les Sardines*. Ma vie en lumière. La clinquante. La bruyante. Et je suis passé à deux doigts de ne pas retrouver le silence de mon antre d'où je t'écris. Et quand je dis: « deux doigts », c'est vraiment deux doigts au sens propre: l'index et le majeur.

J'aurais pu ne jamais reprendre l'écriture de ce livre. Mon éditeur n'aurait eu sur les bras qu'un premier chapitre posthume. À cause d'un moment d'inattention. Un faux pas sur le rebord de la scène. Et un trou de deux mètres dans lequel j'ai basculé en arrière. Au fond, les pieds des projecteurs, de multiples ferrailles sur lesquelles j'aurais dû m'empaler.

Au moment de la chute, ma main a attrapé miraculeusement une barre de structure métallique du pont de lumière qui m'a sauvé du pire. À deux doigts, accrochés du bout des phalanges. Je suis resté quelques secondes en déséquilibre, la jambe gauche en sauvegarde sur le bord de la scène, et la droite violemment meurtrie par le choc. Une grosse douleur, l'épaule endommagée aussi. Les musiciens se sont précipités, affolés. Le micro que je tenais en main avait démultiplié le bruit du choc.

Comme on dit dans les comptes-rendus journalistiques, on en a tous été quittes pour une grosse frayeur. Rétrospective surtout, lorsque j'ai regardé le vide derrière moi et les multiples saillies d'acier. Si j'étais tombé dessus, au mieux, je me serais estropié à vie, au pire je me serais tué. Alors bien sûr, quelques soins, de la glace, des cachets pour la douleur et j'ai assuré le spectacle en boitant, mais avec l'énergie des survivants.

Mais dès la première seconde où j'ai émergé du piège, je me suis dit :

– C'est elle. Bien sûr que c'est elle, cette barre de fer providentielle qui m'a évité le pire. Bien sûr que c'est Maman qui l'a placée là.

Une fois de plus, elle m'avait « bienveillé ». J'en suis persuadé. Comme tant de fois depuis qu'elle n'est plus là.

Comme l'année dernière. Encore une chute, où je n'ai laissé qu'une clavicule. Mais, miracle encore, ma tête ne s'est pas fracassée sur les marches de l'escalier à quelques millimètres près.

Comme les sorties de route en voiture où j'ai tutoyé le fossé avant de me rétablir.

Comme l'agression d'un énervé qui m'a épargné le coup de couteau en échange de l'argent que j'avais dans la poche.

C'était Maman, évidemment. J'en suis certain. Pour soulever à peine ma tête au moment où elle allait frapper la marche de l'escalier. Pour ramener ma voiture sur le bitume. Pour désamorcer quelques secondes le cerveau malade du dingue au couteau. Et puis toutes les colères, les coups de sang rentrés. Toutes ces retenues qu'elle a imposées à mon libre arbitre. Toutes les inconvenances morales potentielles dont les méfaits auraient été aussi nuisibles à ma quiétude que les blessures physiques.

En ce qui concerne la chute du spectacle du Mans, j'ai pris ça comme un sauvetage évidemment, mais surtout comme un rappel à l'ordre. L'ordre des choses :

— Il n'y a pas que pour tes faux pas et tes glissades que tu as besoin de ma bienveillance, m'a-t-elle murmuré. Je veux aussi t'accompagner dans les mots que tu offres. J'ai toujours écrit en cachette. Pour une fois que j'ai l'occasion d'être lue !

— Là, c'est ton orgueil à toi, Maman !

— Peut-être.

— Alors, c'est d'accord ! Je t'emmène.

— Merci, mon petit.

Je sais que certains doutent encore de la véracité de ce dialogue. Mais je te jure que ce : « merci, mon petit », je l'ai entendu réellement à l'instant où j'ai décidé de réintégrer Maman dans cet ouvrage. Les seuls que cela ne surprendra sûrement pas, ce sont Jean-Pierre et Annie, les gardiens de mon antre de Martel. Ils m'ont confié avoir souvent perçu sa voix ou bien le bruit de ses pas dans le couloir, la nuit. Rien d'extraordinaire pour moi.

Elle est là… Bien sûr qu'elle est là.

Et nous voilà donc, à compter de maintenant, tous les deux, Maman et moi, embarqués avec toi dans ce voyage au bout de la bienveillance. Étrangement, je me sens mieux armé, plus fort, plus sûr de moi, pour te convaincre de l'importance essentielle de cette vertu. Et la péripétie de la chute du Mans évitée de si peu renforce encore plus ma certitude de son pouvoir. Fût-il, en l'occurrence, irréel, alogique, paranormal.

Je crois profondément à la bienveillance divine.

Je crois profondément aux absents qui nous protègent. Mais seulement sous l'égide de Dieu. Mais je veux être précis : Dieu n'est pas pour moi un barbu tout puissant assis sur un trône au milieu des nuages. C'est une entité de bienveillance qui imprègne chacun de nous. Quand je crois en lui, c'est que je crois en moi. C'est que je suis empli des forces du « Bien » essentielles à la survie de mon âme. De mon vivant comme après.

— Tiens, fait le sceptique récurrent, voilà que le grossier pour noces et banquets nous fait maintenant dans la philo mystique à deux balles ! J'ai rien compris. Manquait plus que ça ! Peut-être bien qu'il va nous finir curé, rabbin ou imam, mister queue leu leu !

Ni curé, ni rabbin, ni imam. On parle de Dieu. Pas de religion.

Je n'aime ni les rites, ni les cérémonies. Je rejette depuis toujours toute forme d'asservissement au moindre dogme religieux. Si tu es un fervent, ne crois pas que je veuille te détourner de ta pratique. Ni mettre en cause ton athéisme si tu ne crois en rien, ou ton agnosticisme si tu doutes. C'est ton chemin. Ce n'est pas parce qu'il n'est pas le mien que je ne le respecte pas. Je t'expose juste une conception des choses qui n'engage que moi. Mon intime conviction. Peut-être la moins friable de mes certitudes.

Je ne crois à aucun livre saint. Je ne crois qu'au « Bien » partagé. À cette immensité bienveillante qui sommeille en chacun de nous. Une lueur invisible à l'œil nu faite de millions de microlumières qui émanent de chaque être sur terre. Je n'ai rien inventé, des philosophes ont affirmé cette théorie bien avant moi. C'est ce halo que je nomme « Dieu ». La toute puissance de nos bienveillances additionnées. C'est ce halo qui, pour moi, dicte toutes nos générosités et nos compassions de notre vivant. Et c'est lui que nous emportons en mourant et qui nous permet ainsi de protéger sur terre ceux que nous aimons. En attendant qu'ils nous rejoignent pour protéger à leur tour ceux qu'ils ont aimés.

Juste une anecdote, pour te convaincre de la clarté de ce que je tente d'énoncer avec sans doute des mots un peu trop obscurs. Un témoignage rare. Des faits avérés.

C'était quelques semaines après la mort de mon fils. Fin août 1990, sur la terrasse d'une auberge de campagne dans la province profonde. La nuit était moite, lourde. Des éclairs au loin. Il était trois heures du matin. Les musiciens et les amis s'étaient éparpillés. J'étais resté seul avec mon chagrin récent à contempler les étoiles. Comme chaque fois, je cherchais celle du petit. Il fallait bien qu'il luise quelque part.

– Moi aussi, j'en cherche une souvent, m'a glissé à l'oreille Marie-Aimée en s'asseyant près de moi.

La patronne bienveillante de l'auberge était une métisse sautillante et conviviale. Elle avait laissé le restaurant ouvert rien que pour nous au bout d'une journée commencée à cinq heures du matin. Presque le tour du cadran. En se laissant tomber sur la chaise, elle a soupiré de soulagement et a demandé :

– Je peux en fumer une avec vous ?

– Bien sûr.

Après la première bouffée de cigarette, elle a murmuré :

– Moi, c'est ma mère qui est partie il y a une semaine.

Elle avait dit ça apaisée, presque souriante. Son détachement contrastait avec l'énergie virevoltante qu'elle avait déployée pendant tout le service pour nous satisfaire.

J'ai lancé :

— On est jumeaux de peine alors ?

— Oh, moi c'est moins grave. Vous c'est le pire... Et puis, de toute façon, ma mère était déjà morte il y a vingt-quatre ans.

J'ai froncé les sourcils et j'ai demandé :

— Comment ça : déjà morte ?

Et Marie-Aimée m'a raconté son histoire incroyable.

Sa mère, vingt-quatre ans plus tôt, avait été atteinte d'une sclérose des tissus. L'issue fatale était programmée. Marie-Aimée et ses frères et sœurs étaient dans le couloir d'un grand hôpital parisien quand on est venu leur annoncer la mort de leur mère. Ils se sont réunis autour de son lit une dernière fois avant que le brancard ne la transporte au sous-sol dans la chambre froide de la morgue.

Déclarée morte officiellement.

Il y avait, dans cet hôpital, un jeune interne auquel elle s'était attachée pendant son long séjour. Un môme que les autres considéraient souvent avec dédain. Bienveillante, elle était intervenue auprès des autorités de l'établissement pour que ce garçon soit mieux considéré. C'est pour cela que, quand le garçon est arrivé à l'hôpital au matin, il est allé se recueillir près d'elle à la morgue.

Et là, le geste d'affection. De reconnaissance. Il a attrapé sa main… Et il a senti un pouls. Six heures après sa mort officielle !

J'ai demandé à Marie-Aimée :

— Mais comment c'est possible ?

— Un miracle de Dieu. Un retour de bienveillance. Une récompense. Et puis, il a dû estimer qu'elle avait encore des choses à accomplir. C'est d'ailleurs ce qu'elle a fait après pendant vingt-quatre ans. C'est pour ça que je ne suis pas triste.

À ce moment sont tombées les premières grosses gouttes de pluie. Et Marie-Aimée m'a glissé à l'oreille en souriant :

— C'est les larmes que je ne verse pas. Dieu pleure souvent pour nous !

Elle avait nommé ça « Dieu ».

Moi, je parle d'un conglomérat de bienveillances ajoutées. Qu'importe l'appellation. On ne peut rien contre la toute puissance qui nous condamne ou nous épargne. Je veux juste te faire accepter qu'à toute bienveillance offerte, il y a un retour divin. Un sursis, un mieux-être, une paix avec soi-même. Parfois même un miracle.

Le dernier livre que j'ai écrit, *Le Bonheur n'est pas interdit*, je l'avais dédié à Maria. Une amie très proche qui luttait contre un cancer du pancréas. Tous ceux à qui on parle de cette maladie font une moue pessimiste. Soyons clairs. Il y a très peu de chances de s'en sortir. Et quoi qu'il en soit, les souffrances subies sont redoutables.

J'avais offert la dédicace de ce livre à Maria parce qu'elle avait été pour moi d'une bienveillance aussi surprenante que merveilleuse. Elle luttait contre le mal à l'étage de l'hôpital de Cannes le jour où j'ai été admis aux urgences pour la fracture de la clavicule dont je te parlais plus haut. Le premier message de soutien que j'ai reçu venait d'elle. Et par la suite, il ne s'est pas passé un jour sans qu'elle s'inquiète de mon rétablissement. Elle qui souffrait de mille maux bien plus importants que les miens.

Une leçon.

De vie. De courage. D'abnégation. Et de bienveillance portée à l'extrême, bien sûr. Un oubli de soi comme j'en ai rarement connu. Avec, au fond de moi, presque une culpabilité de recevoir autant de réconfort de la part de quelqu'un dont, je l'avoue, je doutais qu'elle puisse se sortir de cette spirale oncologique.

Pierrot, son homme, mon frère et demi, se décomposait devant moi :

— Maria, c'est ma vie. Je ne peux pas l'imaginer sans elle. C'est terrible. Si le pire arrive, je ne m'en remettrai jamais.

Je le réconfortais du mieux que je pouvais.

— Tu plaisantes ! Elle va s'en sortir. Bien sûr qu'elle va s'en sortir. D'accord, les chances ne sont pas énormes, mais on a des anges gardiens qui veillent.

Et puis l'humour cynique encore, en cataplasme :

— Promis, quand tout ça sera passé, on mangera du crabe ensemble ! Y a pas de raison que ce soit toujours lui qui nous bouffe !

Maria, quelques mois plus tard, a séjourné chez moi, à Boulogne, avant et après une opération de la dernière chance. Amaigrie, titubante, mais toujours souriante et affectée par le moindre de mes tracas. Qu'il soit privé ou professionnel. Un comble pour cette femme qui brûlait de douleurs. Et qui, malgré ça, me lâchait des sourires permanents de réconfort.

Aujourd'hui, on est fin juin.

Six mois après l'opération qui a été un succès. Il est une heure du matin. Au moment exact où j'écris,

Maria et Pierrot viennent de quitter la villa de Cannes dans laquelle je passe chaque année quelques semaines de vacances en famille. Hier, ses dernières analyses étaient plus que rassurantes. Bien sûr, elle est encore faible, un peu fantomatique. La tumeur n'est plus là. Mais elle, elle est bien là. Avec nous. Debout. Souriante. Belle.

Ce soir, on a mangé du crabe.

Alors, crois à ce que tu veux !

Moi je crois aux puissances divines qui lui ont rendu en survie ce qu'elle nous offre à tous en bienveillance. Une rémission ? Un sursis ? Qu'importe ! Ce soir, on a partagé quelques larmes de rire. En contrepartie de toutes les larmes d'angoisse qu'on a versées sans qu'elle le sache.

Avant de partir, elle m'a demandé :

— Tu veux que je te fasse un café ?

— Bien sûr. Comme d'hab' !

Les cafés de Maria sont meilleurs que les autres. Je les bois tous en souriant. Parce que ses sourires à elle sont contagieux. Elle doit en laisser tomber un à chaque fois, en cachette, dans ma tasse. *What else !*

Ah, le sourire !

Le portail de la bienveillance. La grimace inversée. Ce petit rictus parfois à peine perceptible qui change tellement de choses dans nos approches, nos séductions et nos réconforts. Le sourire ! Le premier cadeau qu'on attend d'un nouveau-né. Le premier sésame muet pour entrer au plus intime de l'autre. Le sourire ! Que les temps modernes assassinent un peu plus chaque jour, à force de stress, d'indifférence, de chacun pour soi, hélas !

Tu as remarqué comme il devient de plus en plus rare, ce sourire spontané qu'on offrait sans raison au premier venu ? En voilà une marque de bienveillance à réhabiliter. Et ce n'est pas si difficile. Il suffit de s'y connecter dès le réveil. Comme tu connectes la recharge de ton portable au coucher. Pour te remplir d'une réserve dont tu te promets d'avoir toute la journée pour l'épuiser. À titre personnel, je me souris chaque matin dans la glace. J'aurais au moins rencontré un aimable dans la journée ! Et je me connecte pour remplir ma réserve. Au nom de ma bienveillance chronique. Et de ma nostalgie. Chronique elle aussi.

Je me souviens des sourires des rues d'avant.

Les politesses automatiques qui accompagnaient nos déambulations. Les petits rayons de soleil à la volée. Pour une belle, un enfant, un vieillard, un commerçant à l'étal. Des regards volés, soit par séduction, soit par compassion qui plissaient nos lèvres vers le haut.

Des amabilités de façade si essentielles au bien vivre ensemble.

Aujourd'hui je les vois cheminer tête basse. Pressés. Les yeux rivés à leur portable. Ils n'ont plus le temps de se sourire puisqu'ils le passent à se soumettre. Aux *tweets*, aux SMS. Clones mécaniques incapables de se déconnecter de la machine à envoyer des mots abrégés et des émoticônes qui, paradoxalement, sourient, eux.

Bon, d'accord, j'exagère. Je caricature. Pas plus tard qu'avant-hier, j'en ai quand même vu un qui a laissé échapper un sourire… Après avoir, noyé dans ses e-mails, percuté un poteau indicateur et lui avoir dit « pardon ! », machinalement.

Drôle d'époque pas drôle.

Chacun dans sa bulle.

Connecté au lointain, et détaché du plus proche.

Je me souviens des sourires des bistrots.

C'était les convivialités apéritives. Les blagues. Les commentaires sur l'actualité. Les brèves de comptoir. Les tauliers aimables. La partie de cartes autour du petit blanc, clope au bec. Le café du commerce. Le café est mort. Ou presque. Ne reste que le commerce. Et encore ! Pourquoi veux-tu qu'il sourie, le proprio ?

Interdiction de ci, interdiction de ça. Taxes, contrôles, fermeture.

Alors, le dernier client finit son quart Vittel, range sa cigarette électronique, déchire son billet de Keno perdant, et sort en maugréant :

— Allez, je rentre. Je préfère faire la gueule tout seul chez moi qu'ici à plusieurs !

Évidemment, le législateur et sa clique de « metteurs en ordre » paradent. Plus de mégots. Plus de pollution à la nicotine. Plus de tournées d'apéros jusqu'à épuisement des glaçons. Plus de pochtrons lyriques et désolants. Ils crèveront les poumons propres et le foie nickel chrome. Mais le cœur lourd, ma pauvre dame ! Si lourd !

Je me souviens du sourire des enfants.

Les cheveux en pagaille, se chamaillant, courant, poussant du pied des boîtes de conserve en guise de ballon de foot. Chantant des « pirouette cacahuète » débiles et obsédants. Et riant d'un rien. D'une femme laide ou d'un chien borgne. Sautant à pieds joints dans des flaques. Sans autre guerre que des escarmouches avec des épées de carton. Farceurs aussi. Balançant par les fenêtres des bombes d'eau sur les passants.

Et les voilà alignés désormais au pas des grands. Sans flaques, sans rigoles, sans pirouettes. Tête basse aussi, plongés dans leurs jeux vidéo. Le visage fermé par la concentration sur le monstre de guerre qui doit terrasser l'ennemi pour battre le record de points. Bombes en vrai, grenades, kalachnikovs, missiles. Airpods dans les oreilles. Boules « qui est-ce ? », puisqu'ils chantent presque tous le même rap. Coupés du monde. Sectionnés. Entaillés déjà par la vie d'après.

Pourquoi veux-tu qu'ils aient des sourires d'enfants ?

Ils ont déjà les yeux baissés des adultes.

Je me souviens du sourire des vieux.

Heureux d'avoir traversé la vie jusque-là. C'était déjà ça ! Attendant sereinement la fin. Blaguant. Espiègles. « Re-jeunes ». Radotant leurs mémoires à des descendances attentives. Fiers de leurs rides. Parce que chacune marquait la trace du travail accompli. Et que pour rien au monde ils n'auraient « botoxées » ces preuves d'une vie bien remplie. Exemples de sagesse pour des petits-enfants respectueux, ils souriaient d'un rien. Parfois seulement d'avoir expliqué à un minot la différence de ramage entre une mésange et un moineau.

Mais là, aujourd'hui, mis au ban par une société qui conchie ses improductifs, pourquoi voudrais-tu qu'ils sourient ? Qu'ont-ils à enseigner à des mômes qui en savent plus qu'eux ? Il suffit de taper « passereau » sur Internet pour rendre leurs cours de piaillement obsolètes. Et qu'ont-ils à espérer d'une jeunesse à qui on instille que, passé cinquante ans, on est bons pour la casse ?

Et les voilà hors service. Périmés définitifs dans ce monde où la raison du plus fou est toujours la meilleure. Ce monde de malades mentaux en liberté, gavé d'imposteurs, d'impotents du cœur, d'attentats. Ce monde qu'ils ne comprennent plus. Parce qu'il va trop vite pour eux. Ce monde sans foi ni loi si ce n'est celle du plus fort et du plus riche. Surtout du plus malveillant.

Alors ils s'effilochent en tristes. À l'image de mon si cher Delon qui déplore à chaque interview une époque qui le pourfend, le sidère, le dégoûte. Et qui me confiait récemment à l'oreille qu'il quittera cette vie sans regrets. Pourtant Dieu qu'il était beau son sourire à Romy au bord de la piscine. Et qu'elle lui irait bien la phrase de chevet de mon non moins cher Frédéric Dard :

« Je suis un vieux fœtus blasé, ma vie m'aura servi de leçon, je ne recommencerai plus jamais ! »

Mais merde à la fin !

Ce n'est pourtant pas difficile de le retrouver, ce sourire ! D'arrêter de se faire la gueule sans raison. De sortir de nos bulles. De cesser de se confiner par case, par caste. Sans le moindre signe d'affabilité gratuit de l'un à l'autre. De relever la tête. De mettre cette saloperie de téléphone portable sur pause pour se regarder dans les yeux. Vieux, jeunes, riches, pauvres.

De réactiver l'amabilité, le goût de l'autre. D'arrêter de se croiser, le regard fuyant comme à la sortie d'un chiotte et…

Maman me coupe :

— Là tu t'égares, mon petit. Tu en deviens vulgaire.

— Je sais, mais c'est plus fort que moi.

— Tu as dit le mot : c'est plus *fort* que toi. C'est comme ça, et on n'y peut rien. Et puis franchement, je trouve que tu y vas un peu fort. Ta nostalgie chronique, comme tu dis, a tendance à rajouter des sourires où il n'y en avait pas forcément. Excuse-moi d'être grossière à mon tour, mais, là, ça fait un peu « vieux con » !

— Tu as raison. Mais quoi qu'il en soit, moi aussi, je crois que je quitterai cette vie sans regrets, tant je déteste ce que ce monde est devenu.

— D'accord, mais tu as le temps. En attendant, fais-moi un sourire. Parce que, là, sur la colère, tu fais la gueule. Tu te souviens de ce que je t'ai toujours dit ?

— Oui : « Ce que tu reproches aux autres, il faut toujours commencer par ne pas le faire soi-même. »

— C'est la moindre des choses.

— Tu as raison. Alors, je souris, et on change de sujet.

— Non, tu continues à parler du sourire. Mais pas de celui qu'on offre. Celui qu'on provoque. C'est le métier que tu as choisi, non ?

— C'est ça. Comique, animateur, rigolo, chanteur festif.

— Moi, je dirais : « faiseur de bien ». Pile dans le sujet du livre. Ça te va ?

— Ça me va !

Je vais te parler des amuseurs, des clowns, des humoristes.

Pile dans le sujet du livre, comme dit Maman, puisque ce sont tous des bienveillants. Forcément, puisque leur mission est de te délester de tes lourdeurs, de tes peines. De te détendre. Comme s'ils te massaient le cœur de l'intérieur pour en éliminer les toxines. Ces « faiseurs de bien » ne sont reconnus par aucun institut, aucune académie, et pourtant ce sont tous des professeurs ès bonheur. Majors de promotion de l'insouciance. « Diplômés de la faculté de s'en foutre ! » Comme le disait encore Frédéric.

Je fais partie de ces marchands de bonheur, et pour rien au monde je n'aurais choisi une voie qui ne sous-tende pas une bienveillance quotidienne. Flic zélé, guichetier borné, DRH impitoyable, chercheur de poux dans la tête, exploiteur de misère, je n'aurais pas pu. Enfin, tous ces métiers où le moindre petit pouvoir autorise à faire du mal pour faire bien. Banquier, à la limite. Mais j'aurais été capable de vider mon compte ou, pire, de braquer la succursale pour remplir celui d'un nécessiteux. Je n'y peux rien, j'ai l'ADN généreuse et sensible. Ce qui m'exclue d'office d'une foule d'activités dans lesquelles j'aurais certes rempli mon coffre mais vidé ma bonne conscience.

Au nom d'un de mes principes de vie inaltérable, dont je t'encourage évidemment à faire une maxime de chevet :

« Il faut être d'abord ce qu'on veut avant d'être ce qu'on vaut. »

Ça me ramène en mémoire mon ami Jean-Pierre Rives. Casque d'or, le rugbyman. Il m'avait confié que son premier job avait été huissier.

— Toi ? avais-je lancé, surpris. Bienveillant comme tu es ? S'il y a un mec que je n'imagine pas contraindre ou saisir, c'est bien toi.

— C'était bien ça le problème, m'a-t-il répondu en souriant. C'est pour ça que ça n'a pas duré longtemps. Quand les pauvres gens ne pouvaient pas payer, ça me chamboulait. Et c'est moi qui leur donnais le fric pour s'en sortir !

Il est sculpteur sur métaux aujourd'hui, le blond. Artiste. Comme il l'était sur un terrain. Obstiné, perfectionniste et élégant. Bienveillant toujours, comme tous ceux qui sont en création pour nos récréations. Peintres, acteurs, auteurs, chanteurs. Tous ceux qui sont en offrande d'émotion, de plaisir. Tous ceux qui ouvrent une soupape à la cuve bouillonnante de nos vies désarticulées. À travers un croquis, un bon mot, des vocalises, des harmonies. « Faiseurs de bien », donc, comme dit Maman.

Moi, j'ai choisi saltimbanque gai.

Quitte à y perdre en respectabilité ce que j'y gagne en bienfaits rendus.

Parce que c'est là le paradoxe particulier inhérent à tous mes frères de gaudriole : tenter de faire du bien en faisant rire ou sourire apporte étrangement de multiples attaques et humiliations. Un mépris qu'on ne réserve même pas à ceux qui passent leur vie à tenter de faire du mal. C'est injuste, mais c'est ainsi. Encore une des ambiguïtés de la bienveillance.

Je voudrais illustrer mon propos en m'arrêtant à une des plus belles rencontres de ma vie.

C'était un soir de 1981 dans les coulisses de l'Olympia. Je ruisselais bien plus que de la sueur que je venais de verser pendant deux heures de spectacle. Je luisais de fierté et de plaisir. Il était là. Assis, humble, dans un fauteuil face à moi. C'était lui qui était venu « me » voir. Alors que jamais dans mes rêves d'enfant je n'aurais imaginé pouvoir « le » rencontrer un jour.

De Funès.

Mon Louis d'or.

Tant sur le podium de mes préférences humoristiques, il occupait et occupe toujours la plus haute marche.

Il avait demandé qu'on nous laisse seuls. Pendant plus d'une demi-heure, il m'a expliqué longuement les méandres de notre métier. M'incitant à ne jamais dévier de ma route quelles que soient les critiques, les tentations d'honorabilité. À ne me soucier que de la satisfaction du public. À être bienveillant pour ceux qui nous font, donc. Et indifférents à ceux qui veulent nous défaire.

À résister à la tentation du respectable, du reconnu. À m'appliquer à rester populaire contre vents et marées. Ces vagues de mépris élitiste qui nous giflent sans relâche, nous les clowns simples. Parce qu'il avait passé sa vie à en essuyer des tempêtes, le petit homme grand ! Grimacier, pitre, inepte, inconséquent, aucun adjectif dégradant ne lui avait été épargné par les critiques de tout bord.

Le lot des rigolos !

C'est vieux comme Molière. Voire bien plus. La pantomime entraîne toujours cet amalgame qui fait prendre celui qu'on joue pour celui qu'on est. Et les suffisants s'en donnent à cœur peine. Je sais, on dit « à cœur joie ». En l'occurrence, je ne vois pas quelle félicité on peut avoir à dévaluer ainsi les détendeurs de zygomatiques. La solennité indulgente que les critiques professionnels accordent aux tragiques, fussent-ils médiocres, n'a d'égal que le manque de considération hautain qu'ils accordent aux comiques qui font rire le peuple.

Bien sûr qu'il y a certainement une part de vérité dans ces attaques malveillantes. Mais il y a aussi et surtout de la jalousie. Cette pointe au ventre de ceux qui haïssent le succès populaire parce que rien ne peut les consoler de leur propre échec dans ce domaine. Ils s'érigent en juges pour ne pas avoir à se condamner eux-mêmes.

Louis m'avait dit, d'une voix douce, en souriant :

— Quand on demande à un enfant ce qu'il veut faire plus tard, il vous dit : pompier, infirmière, sportif… Mais jamais il ne dit : plus tard je serais critique… je critiquerai… tout le temps. Ce n'est pas un métier. C'est une vengeance.

J'avais osé demander :

— Avec le talent que vous avez, pourquoi n'avez-vous jamais tenté de jouer de grands rôles tragiques ? Je suis sûr que vous auriez été formidable. Ça aurait cloué le bec de tous vos détracteurs.

Il m'avait encore gratifié d'un sourire enfantin et apaisé, et il m'avait dit :

— Dieu m'a donné ce don si rare de pouvoir faire rire. Il m'a fait ce cadeau qu'il n'accorde qu'à très peu de gens sur terre. Ce serait le comble de l'ingratitude de ne pas m'en servir juste pour contenter ma vanité.

— Une mission divine ? avais-je avancé.

— Presque. En tout cas, un devoir. Je n'ai pas le droit de priver le public de ça. Tant pis pour les honneurs. J'amuse les enfants, j'apporte du bonheur à des gens qui souffrent. Je sais que ça leur fait du bien. Si je change de registre, il se peut que j'y gagne de la respectabilité, mais je vais ennuyer ceux qui m'apprécient comme je suis. Je ne convaincrai jamais vraiment ceux qui ne m'aiment pas. Mais je ne veux décevoir à aucun prix ceux qui m'aiment. Alors je leur donne ce bonheur-là, et ça suffit au mien.

Et il avait ajouté, en dernier conseil de bienveillance à mon égard :

— N'oubliez jamais ça, Patrick, si vous voulez durer dans ce métier. N'ayez jamais honte d'être populaire. Vous souffrirez du mépris de certains, mais vous serez tellement heureux de la reconnaissance des autres.

Bienveillant.

Tellement bienveillant avec moi que, quelques années après sa mort, j'ai renvoyé, en boomerang, cette bienveillance à sa mémoire. Je l'imitais à l'époque dans une publicité à succès pour le saucisson Justin Bridou. La première campagne avait été un énorme succès commercial. Les commanditaires m'offraient un pont d'or pour une nouvelle salve. Entretemps, j'avais appris que madame De Funès n'appréciait pas que, fusse par le biais d'une imitation, le nom de son mari soit associé à ça.

Alors, j'ai refusé l'offre mirobolante.

— On te propose quand même une très grosse somme, s'étonna le publicitaire.

— Je sais, ai-je répondu, mais je ne le ferai pas.

— Tu veux qu'on te donne plus ? Ça peut se discuter.

— Non, je veux seulement être en paix avec ma conscience. C'est une question d'honneur et de mémoire.

Il y a eu un blanc au téléphone. Honneur, mémoire. Qu'est-ce que ces mots venaient faire ici ? En plein marketing, teasing, merchandising. Tous ces mots en « ing » dont le seul qui avait peut-être grâce à mes yeux à ce moment-là était « camping ». Tu sais, dans *Le Corniaud*, la scène inoubliable de la douche à côté du bodybuildé.

Ah mon si cher «Louis d'or»! Si vous saviez comme je suis fier d'avoir échangé ce jour-là quelques zéros de plus sur mon compte en banque contre mon regard dans la glace. Je te le conseille aussi à toi, ce troc a minima. Tu y perdras en fortune bien moins que ce que tu y gagneras en estime de toi.

«La droiture, c'est toujours du cash. Pour ne jamais avoir la conscience à découvert.»

Vous aviez raison, Louis, ce soir magique dans ma loge de l'Olympia: la reconnaissance de ceux qui nous aiment, nous les clowns simples, n'a pas de prix. Qu'importe le mépris des autres!

Même si j'ai appris, depuis votre disparition, à quel point cette malveillance vous avait blessé. Je ne peux pas m'empêcher d'y penser à chaque fois que je vous revois minauder à genoux des «ma biche» à Claude Gensac dans *Le gendarme se marie*. Cette scène où vous tentiez de séduire «la colonel», j'avais proposé à Claude de la rejouer avec moi pour une émission de télévision. Elle avait accepté avec plaisir et appréhension. Avec raison. Sa myopie avait démultiplié son émotion face à moi grimé en gendarme. Au point de fondre en larmes tant la vérité de l'imitation et le souvenir la bouleversaient.

Nous avions ensuite passé un long moment dans la loge à parler de mon admiration sans bornes pour Louis. De l'incroyable pérennité de son personnage qui faisait encore s'esclaffer les enfants d'aujourd'hui. Du miroir de nos lâchetés qu'il nous tendait. Sirupeux devant les forts, impitoyable avec les faibles.

Et puis, doucement, on avait glissé vers leur intime. Les mille éclats de rire complices. Les tendresses pudiques. L'amitié indéfectible. Seulement de l'amitié, sans l'ombre de la moindre équivoque, quand certains pouvaient imaginer une idylle. Ses derniers jours, usé par la maladie.

D'un coup, j'ai vu son regard se voiler, et elle m'a confié, la voix cassée :

– C'est Gabin qui l'a tué !

J'ai sursauté.

– Comment ça, c'est Gabin qui l'a tué ?

Les mots de Claude étaient bien sûr exagérément violents. Mais il y avait un fond de vérité. Elle m'a expliqué que Gabin était l'idole absolue de Louis. À l'époque où il avait tourné *Le Tatoué* avec lui, son cœur était déjà fragile. Il en fallait très peu pour accentuer cette faiblesse. Un effort, une contrariété. Et une phrase, juste une phrase, l'avait blessé d'une manière irréversible.

Quand il arrivait sur le plateau du tournage, Gabin lançait :

— Tiens, v'là le comique !

Je ne crois pas qu'il y ait eu véritablement de la malveillance ou du mépris dans cette phrase à l'emporte-pièce. Gabin était certainement admiratif de son partenaire d'occasion. Mais Louis avait confié à Claude que ça l'avait détruit que cet homme qu'il admirait plus que tout ait pu ne le réduire qu'à ça. Et elle était intimement persuadée que cette humiliation rentrée avait participé pour beaucoup à son dysfonctionnement cardiaque qui avait fini par lui être fatal. C'est plausible. Tous les médecins vous diront que les frustrations extrêmes peuvent avoir des conséquences dramatiques sur notre santé.

Je pense cependant que le « diagnostic » de Claude était trop brutal et disproportionné. Gabin n'a tué personne. Son « v'là le comique ! » était blagueur, mais certainement pas méprisant. Mais la réduction récurrente d'un acteur comique au « rigolo » qu'il incarne peut parfois entraîner des paranoïas inutiles.

De Funès s'est éteint surtout d'avoir été trop lumineux, trop vif, trop généreux dans ses gesticulations.

Son cœur a lâché d'un excès de clown.

« Infarctus du mimocarde. »

Il n'empêche que c'est l'occasion pour moi de t'inciter à une bienveillance supplémentaire. Il faut apprendre à mesurer chacun de nos jugements émis. À calibrer nos saillies, nos moqueries. L'anodin pour nous peut devenir essentiel pour l'autre. Le futile, dramatique. La cruauté ne naît pas forcément d'une volonté de nuire. Elle peut n'être que le fruit d'une maladresse. Mais elle peut faire des dégâts qu'on ne soupçonne pas.

Je sais que je fais certainement résonner un écho chez chacun de ceux qui me lisent en ce moment.

Qui ne l'a pas subie, cette petite phrase assassine sur son physique, ses incapacités, ses manques ?

Qui n'a pas reçu au moins une fois comme une entaille profonde ce que l'accusateur ne mesurait que comme une égratignure ?

Qui n'a pas été extrêmement blessé par une remarque innocente mais déplacée d'un ironique qui ne pensait surtout pas faire du mal ?

C'est fou, par exemple, ce que les surnoms de cour d'école ont pu faire comme dégâts. Les « bouboule », « crevette », « saucisse », et autres « grande girafe » ont fabriqué des complexes et des frustrations qui expédient longtemps après les victimes dans les salons des psys. Pour épurer des dix ans sur des divans. Aux mômes poinçonnés à vie par la cruauté d'un harcèlement quotidien sur leur physique, on peut ajouter les déformations patronymiques. Les « Badouin » devenus « babouin », les « Dupont » devenus « ducon » ou les

« Jean-Philippe » devenus « Jean-Phil, on t'enfile ». Je n'invente rien. Je les ai connus. Certains ont évacué, d'autres en ont conservé une marque indélébile. Parfois tragique.

Un ami ex-taulard m'a raconté les confidences d'un compagnon de cellule à Muret. Enfermé pour viols multiples, dont l'un avec meurtre, il lui avait confié rejeter toute la responsabilité de ses crimes sur des railleries de cour d'école. Des remarques permanentes sur sa petite taille. Un surnom, surtout : « minibus ». Et une réflexion de trop, un jour, d'une fillette qui lui avait envoyé en pleine figure devant tout le monde que son sexe devait bien aller avec son surnom. Ce qui d'ailleurs n'était pas le cas.

— Je les repérais toutes aux arrêts de bus, ces salopes ! avait-il avoué à mon ami. Et puis je les pistais jusque chez elles.

Et il avait ajouté, presque fier :

— J'en ai violé trente-et-une ! Bien serrées, ça aurait pu rentrer dans un minibus, mais tout juste !

Sordide.

Et tout ça à cause de railleries prétendues innocentes. Des plaisanteries de préau. Le battement d'ailes d'un papillon. Et combien en laissons-nous échapper chaque jour, des réflexions anodines, des chambrages bon enfant dont nous ne mesurons pas la portée réelle ? Et combien d'amis se détournent de nous sans que nous en comprenions la cause exacte ? Juste parce qu'ils n'acceptent plus la petite réflexion innocente. La petite pique qui les transperce cruellement alors qu'on avait cru juste les effleurer.

« Soyons bienveillants en tout, même pour des riens. »

Pour poursuivre, je voudrais étendre le spectre de ce sujet à la catégorie professionnelle particulière à laquelle j'appartiens. Cette précaution qui nous épargnerait quand nous en sommes victimes, ne devons-nous pas, nous, les railleurs, les parodieurs, les caricaturistes, nous l'imposer ? C'est un sujet que je voulais absolument aborder ici tant il est d'actualité. Parce que jamais les humoristes n'ont autant été sur la sellette. De la mise à l'écart de Tex à la tuerie de *Charlie Hebdo*, en passant par la mise au ban de Dieudonné, la question a toute sa place dans ce livre :

« Où commence la malveillance humoristique, et n'est-ce pas une malveillance plus grande que de vouloir la réguler par la loi ? »

Au moment pile où j'écris ces lignes, mon téléphone sonne. Juré ! C'est mon pote Tex, justement.

Au cas où tu aurais échappé à « l'affaire Tex », qui a défrayé la chronique récemment, je te rappelle les faits. Au cours d'une émission, il a balancé une blague éculée :

— Qu'est-ce qu'on dit à une femme qui a les deux yeux au beurre noir ?

— On lui dit rien. On lui a déjà expliqué deux fois.

Effectivement sexiste, navrant, et critiquable. Extrêmement malveillant, a-t-on dit pour les femmes en général et les femmes battues en particulier. Mais c'était une blague. Ni une agression caractérisée, ni un viol. Juste une blague. Comme il en circule tant, et des biens pires, chaque jour depuis les siècles des siècles. En l'occurrence, les instances dirigeantes de la chaîne qui emploient mon copain ont décidé de le virer pour ça. Avec l'aval des ministres du gouvernement en place qui ont pris une large part à l'hallali. Une juste punition pour certains. Un prétexte pour d'autres. Un « preTex » lié à son humour populaire et grivois parfois, si loin des codes qualitatifs des bien-pensants. Un autre, adoubé par les convenables, aurait sûrement été épargné.

J'ai donc interrompu mon écriture pour répondre à son appel :

— Écoute, c'est le hasard, mais à l'instant j'écrivais en parlant de toi. À propos de nos limites de bienveillance dans nos vannes.

— C'est-à-dire ?

— C'est-à-dire que parfois on peut blesser sans le vouloir. Et que peut-être, il faut qu'on s'impose des limites. Pour ne pas être malveillant. Pour ne pas faire mal inutilement. Tu ne crois pas ?

Sa réponse a été nette et sans appel :

— Non ! En tout cas, ce n'est pas à la loi de les mettre, ces limites. Et puis même en ne s'interdisant rien, on peut avoir de belles surprises.

Et pour étayer son argumentation, il m'a raconté une anecdote qui résume tout, mieux qu'un long discours. Un soir, il donnait son one man show dans l'Est de la France. Quelques mois plus tôt, un Airbus A320 s'était écrasé dans une forêt voisine au décollage. Il n'avait pas pu résister au clin d'œil d'humour noir à l'actualité.

Cruel, mais drôle :

— C'était un Arbuste A 320 !

Des vrais rires. Des « Oh ! » offusqués. Enfin, la routine pour ceux qui ont choisi de faire rire de tout. Après le spectacle, dans sa loge, une jeune fille a souhaité lui parler.

— Mon père était le pilote de l'avion qui s'est écrasé. Il est mort dans l'accident, lui a-t-elle dit d'emblée, sans aucune agressivité.

Évidemment, il y a eu un instant de gêne à la suite duquel il a dit avec compassion :

— Excusez-moi si je vous ai blessée, je ne voulais pas…

Elle l'a coupé en souriant :

— Ne vous excusez surtout pas. Ça ne m'a pas blessée. Ça m'a fait sourire. Et ça me fait du bien que quelqu'un en parle. Même si c'est pour une blague, ça veut dire qu'on n'oublie pas.

Nous avons continué à parler longuement avec Tex, de nos droits et nos devoirs d'humoristes. Ses déboires télévisuels n'avaient entamé en rien ses certitudes sur le sujet : nous ne devons nous imposer aucune censure. Ce que les victimes de nos railleries peuvent prendre pour de la malveillance n'en est pas. Et nous n'avons qu'un devoir de bienveillance : faire rire le public. De tout. Et même de ce qui le déstabilise, l'irrite, le met mal à l'aise. Parce qu'en en étant les dénonciateurs à travers le rire, même du plus horrible, on dédramatise. On met du rose sur du noir.

Et il a conclu en me disant :

— Quoi qu'on ose, et quel que soit le talent qu'on nous prête ou qu'on nous retire, les malveillants, c'est pas nous. Ce sont ceux qui, pour un sketch, une vanne ou une caricature, nous assassinent. Au propre comme au figuré.

Bien entendu, sa sentence sous-entendait le massacre de *Charlie Hebdo*. Immonde. Inacceptable. Quelles qu'en soient les justifications. Même si je peux comprendre. Eh oui ! Comprendre le blasphème. Me mettre dans la peau de ceux qui ont reçu les caricatures du prophète comme une insulte, un crachat. Mais comprendre n'est pas absoudre. En aucun cas. Jamais. Il n'y a aucune excuse à cette tuerie. Aucune.

Et c'est là que la question que je posais en préambule prend son sens le plus fort.

Les auteurs des dessins étaient-ils malveillants ?

— Oui, répondent les fanatiques. Et ils n'ont eu le retour que de la malveillance qu'ils ont semée.

— Non, répondent les libertaires. Au contraire. Il est bienveillant de dénoncer tout fanatisme.

Maman se penche sur mon épaule, inquiète. Elle sait que le sujet est brûlant. Que s'exprimer, même en quelques lignes furtives dans un livre de clown, peut être dangereux. Alors elle demande :

— Et toi, tu réponds quoi ?

Je réponds que toute tentative pour bâillonner la liberté de rire de tout est un crime en soi. Qu'il soit de simple censure ou de sang. Je réponds que le rire ne nécessite aucun port d'armes. Donc, que le plus frêle des hommes peut s'en servir pour lutter contre le plus fort. Que c'est le plus humaniste des moyens de défense. Et qu'en aucun cas, il ne faut en priver ceux qui n'ont que ça à opposer à tout ce qui ressemble à un abus de pouvoir.

Mais je réponds aussi qu'il n'appartient qu'à celui qui en use de fixer les limites de sa bienveillance. Je réponds qu'au nom de ce principe, moi, je n'aurais pas fait de caricature du prophète. Pour la bienveillance envers ceux dont j'aurais pu blesser la croyance, et celle envers ceux qui auraient pu être les victimes d'une vengeance annoncée.

Alors rire de tout, oui. Avec n'importe qui, oui.

Mais mesurer dans le secret de sa conscience les blessures potentielles. Nul autre que l'auteur des sarcasmes ne peut être habilité à en fixer les limites. Ce n'est ni à des législateurs, ni à des censeurs de délimiter les contours de ce qui est nocif ou pas. Et encore moins à des vengeurs assassins d'imposer leur loi de l'inacceptable. L'humoriste seul doit déterminer la frontière entre le bien fait par le rire, et le mal fait par l'outrance.

Dans mes imitations, je me suis toujours appliqué à épargner mes modèles. Dans quatre-vingt-dix pour cent des cas, je ne me suis pas moqué d'eux. Je me suis seulement servi de leur personnalité pour plaisanter sur d'autres sujets. Dans les dix pour cent qui restent, il m'est arrivé très souvent d'avoir des états d'âme. Conscient que je dépréciais juste pour le plaisir de faire rire. Et je le regrette parfois encore aujourd'hui.

Joe Dassin était devant moi, tout sourire, dans une émission des Carpentier. Je l'adorais. Je tremblais à la fois de plaisir et de trac. Je l'ai imité trait pour trait. À la fin, il a demandé :

— C'est moi, ça ?

Il souriait encore, bien sûr. Mais je savais que je l'avais blessé. Parce que j'avais louché un peu plus que lui. Et parce que ça, ça lui faisait mal. Et pourtant, je l'aimais plus que tout. Qui était fautif ? Moi, d'avoir grossi le trait pour amuser le public ? Ou lui de n'avoir pas compris qu'au-delà de la caricature, je lui vouais une admiration sans bornes ?

Alors, je te renvoie une dernière fois à tes blagues sur les noirs, les juifs, les gros, les cocus, les handicapés, les homos, etc. Enfin tout ce qui fait les délices ajoutés aux fins de repas ou aux machines à café du boulot. Je te renvoie à tes moqueries quotidiennes sur le physique, la tenue, la bêtise, la laideur de ceux que tu chambres en privé ou en public.

À toi d'établir les frontières de ta bienveillance. Pour éviter de blesser inutilement. À moins que tu y prennes vraiment plaisir. Que tu sois un méchant chronique. Auquel cas je te conseille de refermer ce livre. Je me demande même comment tu as pu mettre le nez dedans.

En attendant, tu peux toujours continuer à me caricaturer, moi, en te touchant les testicules et en gueulant :

— Putain, c'est génial ! On va se mettre un doigt dans le cul !

En accompagnant le tout d'un rire niais et vulgaire. En me traitant de « couillon de culture ». C'est caricatural, réducteur, souvent avilissant, mais ça me va. Je ne porterai pas plainte. Et même, en prime, je t'offre quelques alexandrins de mon cru qui résument parfaitement mon état d'esprit sur le sujet. En souhaitant de tout cœur que ces mots résonnent dans le cœur de toutes les victimes des faiseurs d'humour à leurs dépens.

« La charge me bouscule et souvent me chagrine,
Quand le trait est outré de ceux qui me dessinent.
Mais je préfère cent piques à recevoir encore
Qu'un seul coup de poignard à ceux qui me font tort. »

Avant de conclure sur ce sujet, je voudrais revenir sur un épisode très personnel et très médiatisé de ma carrière. Il pourra t'apporter un dernier éclairage sur les limites que l'on doit s'imposer. Ou pas. Et bien au-delà, encore une fois, étayer ta conviction sur l'incommensurable paradoxe qui fait loi en la matière.

Je te parle d'un temps que les moins de vingt ans ne peuvent pas connaître. On a appelé ça « l'affaire Osons ». C'était en 1995. J'avais fait dans l'émission éponyme une caricature qui m'a valu un hallali médiatique d'une violence inouïe. Une imitation de Jean-Marie Le Pen qui chantait « casser du noir ». Je ne rentrerai pas dans les moindres détails. Le traquenard politicien et les conséquences sur ma vie privée. Je l'ai déjà fait dans un autre ouvrage.

Je veux juste rappeler que pour cette parodie dans laquelle je faisais tenir à Le Pen des propos racistes, c'est moi qui ai été vilipendé et accusé. Traîné dans la boue par la presse et toute la smala médiatique. Et renvoyé pour finir devant la justice au motif d'incitation à la haine raciale. Outre le préjudice ineffaçable, ça m'avait donné l'occasion d'étalonner mes vraies amitiés tant les rats avaient fui le navire. Peut-être le seul point positif. Pour mes accusateurs, c'était un sketch scandaleux. Pour moi, une hérésie. J'imitais. Je caricaturais. En aucun cas je ne proférais moi-même ces insanités. Et pourtant, c'est moi qu'on a mis au pilori. Montré du doigt, incendié, sali. Nauséabond, infâme, puant, entre autres, j'ai eu droit à tous les qualificatifs. Et au fond de moi une brûlure insoutenable. Un sentiment d'injustice profonde.

Alors, j'ai rué dans les brancards. J'ai protesté de ma bonne foi. Courant de plateaux télé en plateaux télé pour expliquer que non, ce n'était pas mes propos, mais ceux de ma « marionnette ». Acceptant de peut-être avoir été maladroit, mais certainement pas raciste. Et plus j'argumentais, plus les rafales étaient violentes. Avec le recul, une image s'impose à mes yeux : celle d'un grand naïf qui se débattait dans des sables mouvants.

Et puis un après-midi, dans le bureau de Patrick Le Lay, le PDG de TF1 de l'époque…

— C'est dégueulasse ! ai-je lancé au grand manitou. Tu sais bien, toi, qu'en aucun cas je ne peux cautionner le racisme. J'ai fait dix sketches avant qui allaient exactement dans le sens opposé. Je suis un humaniste pur et dur. Je me suis toujours battu pour un monde de bienveillance, de respect et d'acceptation de l'autre, d'où qu'il vienne.

— Bien sûr que je le sais, Patrick. Mais maintenant, il faut que tu te taises. Le rouleau compresseur est plus fort que toi. Ils s'acharnent, non pas pour ce que tu as fait, mais pour ce que tu es. C'est-à-dire tout ce qu'ils détestent : un artiste populaire qui cartonne sur TF1.

— C'est pas un crime.

— Presque. Ils n'attendaient qu'un faux pas pour te démonter.

— Quel faux pas ? J'ai fait une parodie pour dénoncer un extrémiste.

— Oui, mais tu lui as donné un droit de réponse. Ce qu'on te reproche surtout, c'est de lui avoir amené la cassette du sketch et d'en avoir ri ensemble.

Faux. Il en avait ri tout seul.

J'avais fait cette caricature avec une conscience politique. Mes audiences me permettaient de distiller autre chose que du rire léger et inconséquent. À l'époque, le Front national était raillé, harcelé en permanence, sous traité, voire calomnié dans tous les médias. À tort ou à raison, la question n'est pas là. J'avais surtout observé que ces attaques en règle accouchaient de l'effet contraire de ce que les attaquants souhaitaient. Une évidence : un parti qu'on exclut de tout, qu'on maltraite sans droit de réponse attire à lui tous les rejetés, les oubliés du système. Et ils sont si nombreux. Une aubaine pour les extrémistes. Je pressentais que cet acharnement ne ferait qu'augmenter le nombre des sympathisants. Et ça, en humaniste convaincu, ça me heurtait. Le 21 avril 2002 me donnera raison. Mais trop tard.

Alors, je me suis dit qu'en caricaturant le chef dans ses outrances et en lui donnant l'occasion de répondre à la chargc, jc désarmais l'argumentation de la mise à l'écart systématique. Je n'ai pas ri avec lui. C'est lui que le sketch a amusé. S'il avait été calomnieux, il s'en serait offusqué. En l'accueillant avec bonne humeur, il accréditait les horreurs que je lui faisais chanter. Et pour moi, cela suffisait à démontrer un racisme dont il avait bien du mal à se défendre.

Pour moi, j'avais rempli ma mission de bouffon de la société.

— Une conscience politique ? a souri Le Lay. Tu es bien présomptueux. Je ne doute pas de sa réalité. Par contre, tu as sous-estimé la suffisance de ceux qui t'attendaient au tournant. Pour eux tu n'es qu'un rigolo primaire. Un gros con qui lance des paillettes. Un beauf sans une seule nuance de bon sens. Et surtout pas capable d'avoir une conscience politique, comme tu dis.

— Parce qu'ils en ont, eux, du bon sens ?

— Pas plus que toi, mais ils sont presque persuadés de l'avoir inventé. On ne lutte pas contre ce pouvoir-là, Patrick. Quelle que soit ta bonne foi, quels que soient tes arguments.

— Alors qu'est-ce que je fais ? Je me laisse calomnier, insulter sans rien dire ? Je me laisse condamner pour le contraire de ce que j'ai voulu démontrer ?

Il m'a regardé longuement, a pris un temps et m'a dit :

— Quels que soient tes torts ou tes raisons, ce n'est pas ta parodie qui les a déchaînés. C'est le fait que ce soit toi qui l'aies faite. Un autre, adoubé par la caste des convenables, aurait sans doute eu un semblant d'indignation sans conséquence. Pas toi. Surtout pas toi. Il faudra t'y faire : tu n'as pas la carte, comme on dit. Et j'en suis désolé pour toi, mais, quoi que tu fasses, tu ne l'auras jamais.

Alors, j'ai arrêté les sables mouvants. J'ai quitté provisoirement la télé pour rentrer dans mes terres. Sur du solide. Du vrai. Après avoir été condamné par la justice pour incitation à la haine raciale.

À ces motifs-là, écrits noir sur blanc, c'est le cas de le dire :

« Patrick Sébastien n'est pas raciste. Il n'a pas eu l'intention de l'être. Mais les Français ne comprennent pas le deuxième degré. »

Est-ce que tu mesures tout le mépris qu'il y a dans ce jugement ?

« Les Français ne comprennent pas le deuxième degré. »

Une condamnation sans appel du peuple crétin. Des juges, perchés sur leur suffisance, ont décrété les gens de la rue trop bêtes pour avoir le moindre recul sur une plaisanterie. Le pire, c'est que ce jugement, habilement exploité par des avocats, peut faire jurisprudence.

Maman m'interrompt :

— Tu n'aurais pas dû écrire encore une fois sur cette affaire. Tu en as déjà beaucoup trop parlé. C'est loin maintenant. Tout le monde s'en fout.

— Désolé, mais elle avait sa place dans ce livre. Ne serait-ce que pour illustrer à quel point la malveillance médiatique peut transformer à sa guise un courant d'air en tsunami.

— Et en quoi ça va servir à tes lecteurs dans leur vie de tous les jours ?

— À ne pas accréditer la moindre polémique surexposée. Et surtout à se convaincre, s'ils ne le sont déjà, que le peuple ne peut rien quand la meute des décideurs choisit d'imposer ce qui est bien ou ce qui est mal.

— Et la bienveillance dans tout ça, elle est où ?

— C'est celle qu'il faut avoir pour les secoueurs de cocotiers, les empêcheurs de tourner en rond, les audacieux, les dérangeants. Au mépris des codes établis par une toute-puissance dominante qui n'a qu'une envie. Un désir vieux comme toutes les dictatures réelles ou masquées : que le peuple aille bosser, paye des impôts et surtout qu'il ferme sa gueule !

Allez ! Puisque tout en France doit finir par des chansons, paraît-il, une bluette avant de conclure sur le sujet. Un petit air innocent et grivois :

« Si tu touches à mon oiseau
N'oublie pas d'être gentille,
Car tu sais que mon oiseau
Aime les petites filles ! »

Tu imagines si je chantais ça aujourd'hui ?

Le tollé. L'assassinat en règle pour incitation à la pédophilie. Je te rassure, ce n'est pas de moi. Mais ça a fait un joli succès dans les années 1960. Qui chantait ça ? Un pervers ? Un détraqué notoire ? Un gros lourd pour noces et banquets ?

Absolument pas.

C'était Fernandel.

Eh oui ! Le gentil Fernandel à l'accent marseillais si chantant.

Le Fernandel populaire, l'idole de l'époque. De sept à soixante-dix-sept ans. Avec son immense sourire plein de dents. De quoi s'offusquer un peu, non ? Et si on s'amuse à l'associer à son personnage de référence, Don Camillo, le double sens de la chanson nous entraîne sur des chemins encore plus tortueux.

À l'époque, personne ne lui en a vraiment tenu rigueur. Et les radios ne se privaient pas de passer la comptine régulièrement. Mais bon ! On va dire que les Français, de ce temps-là déjà, ne comprenaient pas le deuxième degré. Donc, que pouvait-on reprocher à un monsieur qui raconte la sympathie que peut éprouver un volatile pour une jeune fille pubère ?

Comme disait le très lucide Patrick Le Lay, ce n'est pas l'outrance qui est déplacée, c'est celui qui la profère. Aujourd'hui si je dis « bite, putain, merde », je suis le vulgaire de service. Le tonton salace et débile des noces et banquets. Si c'est Valérie Lemercier qui place ces mots dans la bouche d'un de ses personnages, c'est une fausse grossièreté d'une finesse aboutie. Je n'ai rien contre Valérie, bien au contraire. Mais une fois de plus je voulais illustrer le paradoxe des bienveillances accordées à ceux qui tentent de faire rire.

« Immense paradoxe », ai-je dit en introduction ?

Alors, pour finir, à toi de juger :

Lorsque j'ai subi les déboires dont je te parlais précédemment dans « l'affaire Osons », j'ai eu affaire à des accusateurs particulièrement impitoyables. Je précise encore une fois que c'était une caricature. Et en plus, je te la mets entre guillemets et en majuscules pour que tu en saisisses définitivement le sens profond.

Une « CARICATURE ».

Eh bien, à la tête des plus virulents à mon encontre, en fer de lance de ceux qui ont tout fait pour me censurer, qui ont demandé mon départ de la télé, il y avait les journalistes de *Charlie Hebdo* ! Ils ont été impitoyables. Ils m'ont assassiné sans états d'âme. Médiatiquement seulement, par bonheur.

Rien à ajouter.

Maman me glisse :

— Et Coluche, alors ? Tu n'en parles pas ? Parce que dans le genre irrévérencieux et blessant, ça n'a pas été le dernier.

— C'est vrai que tu ne l'aimais pas beaucoup.

— Non. Pas trop.

— Pourtant, il a été bienveillant avec les Restos du cœur.

— C'est vrai. Même si tu sais très bien ce que je pense de tous ces trucs humanitaires. Il y a à boire et à manger, c'est le cas de le dire.

— Merci.

— Pourquoi merci ?

— Parce que tu viens de me faire le lien parfait avec le début du chapitre suivant. C'est de ça dont je voulais parler. La bienveillance humanitaire. Avec ce qu'elle a d'indispensable, mais aussi de factice parfois.

— J'espère que tu n'oublieras pas de parler de la star, soi-disant au grand cœur, qui s'est conduite de façon ignoble avec les petits cancéreux que tu invites dans ton cabaret.

— Non. Je vais même commencer par ça. Ça fait un bon teasing.

— Un quoi ?

— Un truc pour pousser les lecteurs à lire la suite. Une promesse.

— Comme celle que je t'ai faite avant de partir, de continuer à être là ?

— C'est ça.

CHAPITRE 4

Je les appelle les « réverbères » !

Parce qu'un réverbère, ça luit de loin. Mais, si on s'approche, dessus, il y a des graffitis et de la pisse de chien. Ce sont les stars menteuses de l'humanitaire. Bienveillants de façade, et opportunistes en sous-sol. Ils montent au créneau pour la veuve, l'orphelin, le paralytique, le migrant, le malade. Escrocs de l'image de marque, ils détournent l'apitoiement à des fins mercantiles.

Je vais développer, mais d'abord, comme promis, la fable du « réverbère et du petit cancéreux ». Je l'ai déjà relatée dans mon livre précédent, mais j'y reviens parce qu'elle a une suite récente. Pour ne pas trop me répéter, je résume.

À chaque *Plus Grand Cabaret du monde*, j'invite des enfants atteints de maladies graves pour les faire voyager quelques heures au pays des rêves. À la fin, je demande aux stars présentes de faire des photos avec eux. Il y a quelques années, un « réverbère » est passé devant eux sans même un regard. En justifiant le fait qu'il ne s'arrête pas par ces mots :

— J'ai pas le temps, j'ai un taxi !

Enfoiré, va !

C'est vraiment le cas de le dire d'ailleurs puisqu'il lui est arrivé souvent de faire partie de la troupe des « généreux » de Coluche. On y reviendra aussi. Mais, d'abord, juste un détour par la salle du Sporting de Monaco. J'y ai fêté, en début d'été, les vingt ans du *Plus Grand Cabaret du monde*. Un spectacle prestigieux auquel avaient été conviés quelques petits malades de l'hôpital de Grasse.

Après le spectacle, dans le couloir des loges, Éric, le responsable dévoué de ces enfants, est venu me faire part de sa reconnaissance pour le parrain de la soirée, Alain Delon. Il m'a confié, les yeux pleins d'étoiles, qu'Alain avait été formidable avec les gamins. Attentionné, prévenant, et réellement concerné. Ça ne m'a pas étonné. L'homme est encore plus grand que sa légende.

Je n'ai pas pu m'empêcher de lui rappeler la conduite honteuse du « réverbère au taxi », quelques années plus tôt. Je lui ai dit, admiratif :

— Tu te rends compte. Alain, c'est une vraie star, lui. Il n'y a pas un seul taxi qui aurait pu l'empêcher de prendre du temps pour tes mômes. C'est pas comme l'autre !

Il a acquiescé, et m'a lancé :

— Oh, mais, il y eu pire depuis !

— Ah, bon ?

— Oui. Un soir d'émission, il y a quelques mois.

— Qui ?

— Un humoriste. Mais là, son humour, je l'ai encore en travers de la gorge.

— Il a fait quoi ?

Dans un premier temps, le « réverbère humoriste » en question avait refusé de s'arrêter. À sa décharge, l'émission avait duré plus longtemps que prévu, et il devait prendre un avion très tôt. Éric l'avait happé au vol alors qu'il se hâtait dans le couloir. Il s'était excusé à la va-vite.

— Je comprends, mais je suis désolé. Je suis vraiment à la bourre. La prochaine fois, promis.

— Vous savez, pour ces mômes, il n'y aura peut-être pas de prochaine fois.

Le « réverbère humoriste » s'est braqué :

— C'est pas bien de me culpabiliser. Que ces gamins soient malades, c'est très triste, mais c'est pas ma faute.

Et puis, faut pas être pessimiste comme ça. Si vous-même, vous y croyez pas, ça va pas les aider.

— Je fais de mon mieux, a répondu humblement Éric.

Le « réverbère humoriste » » a appelé l'ascenseur, en s'excusant encore une fois.

— Là, j'ai vraiment pas le temps, mais demandez mon mail à mon attaché de presse, je vous promets que j'enverrai des photos dédicacées.

Juste derrière Éric, se tenait un des enfants. Un vrai fan de l'humoriste. La maladie lui avait tiré les traits et agrandi le regard. Au milieu de son visage d'oiseau déplumé, les yeux écarquillés par le bonheur de voir son idole de près semblaient encore plus immenses. Éric a insisté :

— C'est juste un selfie qu'il veut… S'il vous plaît, deux secondes.

Le cling de l'ascenseur qui arrive a résonné à ce moment-là. Et en se retournant vers Éric et l'oiseau déplumé, le « réverbère humoriste », agacé, a compté avec ses doigts :

— Un, deux ! Voilà, ça fait deux secondes !

Et il a disparu dans l'ascenseur.

J'ai vu récemment ce « réverbère humoriste » parader sur une photo à l'occasion d'un gala de charité. Avec en commentaire journalistique, un hommage appuyé à sa bienveillance et à son bon cœur. Je n'ai pas pu m'empêcher de cracher sur la photo.

« Ce qu'il y a de bien avec les ordures humaines, c'est qu'on peut tout recycler ! »

Dans ce chapitre je vais te parler, entre autres, des bienveillances menties. Des générosités par intérêt. En m'arrêtant aux différents étages du don de soi avec bénéfices rétroactifs. En te montrant du doigt ceux dont tu n'as peut-être pas saisi le double jeu. Des stars surexposées aux tâcherons ordinaires des associations de tout poil. Les filous. Les profiteurs. Les petits malins qui ont compris qu'un malhonnête peut tout se permettre sous couvert de compassion pour le pauvre monde.

Quel intérêt pour toi ? La vigilance. Pour ne pas te laisser abuser exagérément. Que ce soit moralement ou financièrement. Pour que tu évites les escroqueries à ton bon cœur. Pour tu identifies mieux les tartufes. Pour que ta générosité ne devienne pas le coffre-fort d'une poignée de mal intentionnés. Pour que tu restes généreux, bien entendu, plus que jamais envers toute cause qui le mérite. Mais en restant attentif à l'écran de fumée.

Je te parlerai aussi des politiques. Les champions du « je ne veux que votre bien ». « Bien », c'est vraiment le mot.

Surtout quand on considère son double sens. Quand « votre bien » signifie « votre argent ». Lorsqu'une fois élus aux fonctions suprêmes, ils te rackettent sans vergogne sous prétexte de bienveillance pour ta santé ou ta sécurité.

Attention ! Encore une fois, il faudra que tu prennes l'exacte mesure de mes propos. Je ne m'attarderai pas pour l'instant sur les sincères, les vrais altruistes. J'y reviendrai plus loin. Je précise cela parce qu'il ne faudrait pas que, dès les premières lignes de la charge que je vais mener, tu généralises.

La bienveillance caritative réelle est essentielle. Elle sauve, elle guérit. Elle est un des derniers bastions de ce que l'âme humaine a de plus beau. Elle a des millions d'adeptes. Dévoués, désintéressés, presque des saints. Mais, même le plus beau des caniches peut avoir des tiques ! Et encore une fois, c'est de la plus haute bienveillance de dénoncer les malveillants.

Parmi ces parasites, il n'y a pas que des petits malins opportunistes. Il y a aussi des magnifiques salauds de concours. Des imposteurs XXL, dont tu continues à croire leur motivation d'une sincérité indiscutable. Des génies de l'esbroufe. Des illusionnistes. Je t'avais dit que le propos de ce livre ne serait pas un voyage au pays des Bisounours. Ces gens-là ne sont pas des peluches. Ce sont de gorgones. Ces monstres mythologiques dont un seul regard pétrifiait celui qui le croisait. Ceux-là hypnotisent. Au point de les croire divins alors qu'ils sont diaboliques.

« On reconnaît les faux saints de l'humanitaire à leur auréole. C'est un volant de Mercedes ! »

Je pourrais faire un livre entier sur ceux-là. Je vais juste m'arrêter à une conversation surprise par hasard qui résume tout. Les cloisons des loges de mon studio d'enregistrement sont fines.

J'y ai entendu ça, juré :

— Ah non, on va pas au Téléthon. Ça fait à peine deux millions de gens devant la télé. Les « Restos » sur TF1, c'est au moins huit millions garantis. Et puis, je sais pas si t'es au courant, mais pour ma nouvelle chanson, je les fais lever, sauter en l'air. Je vais faire comment avec les fauteuils ?

— Oui, mais le Téléthon c'est début décembre, pile avant les ventes de Noël.

— Ça tombe mal, début décembre, je suis à l'île Maurice.

— Tu reviendras le temps de faire l'émission, et tu repartiras.

— Ok ! Mais c'est la maison de disque qui paye le voyage.

Authentique.

Les Restos du cœur n'y sont pour rien. Coluche peut continuer à mourir sur ses deux oreilles. Son chef-d'œuvre humanitaire nourrit des millions de nécessiteux. Même si quelques opportunistes happent quelques miettes de célébrité sur le rebord des assiettes en carton, il ne faut retenir qu'une chose :

– C'est le résultat qui compte !

Comme d'ailleurs Coluche me l'avait dit à une autre occasion.

J'avais passé une audition devant lui à mes tout débuts. Avec Lederman, ils avaient monté le Caf' Conc', une salle de spectacle dont il assurait le show en vedette. Ils avaient fait savoir qu'ils cherchaient des artistes débutants pour faire la première partie. J'ai donc fait devant lui mon numéro d'imitateur débutant. Le verdict a été sans équivoque :

– Ça va pas le faire, ma poule !

– C'était pas bien ?

– Si. Justement. Ton imitation de Bourvil est plus vraie que nature. Et pour le reste, je suis sûr que tu vas faire une carrière. Je vais te filer des adresses de cabarets où on te prendra sans problème. Mais, viens t'asseoir près de moi, tu vas comprendre pourquoi je te prends pas.

Et j'ai assisté à ses côtés à un défilé d'artistes comiques débutants dont il n'a engagé que les plus mauvais. Plus le type était pitoyable, plus ça le réjouissait. D'une cruauté dérangeante. L'auditionné croyait qu'on riait de ses vannes, alors qu'on ne riait que de lui. C'est vrai que certains poussaient la médiocrité artistique à l'extrême. Et le « gros » était aux anges.

Je n'ai quand même pas pu m'empêcher de lui dire :

— Ok, c'est à pisser de rire tellement c'est nul. Mais c'est quand même vachement dur pour eux.

— D'accord, mais le public aussi va se pisser dessus de rire. On est là pour ça, non ? Et puis le mec touchera un cacheton. Et en plus, il pourra dire partout qu'il a fait ma première partie. Strike ! C'est le résultat qui compte !

Bienveillance paradoxale, une fois de plus. La raillerie malveillante transformée en service rendu. Comme la tromperie humanitaire de quelques artistes des « Restos » transformée en plateau repas de survie. Quand je te disais qu'elle était bien plus complexe qu'il n'y paraît, cette bienveillance. Dans le domaine artistique, c'est même une récurrence.

Il est rare que la palme d'or du festival de Cannes ne dénonce pas un scandale humanitaire, une misère, un handicap. C'est presque une tradition.

Et les heureux gagnants vont fêter ça sur des yachts où dans les plus luxueux des hôtels en se gavant d'alcool, de cocaïne et de sexe à tout-va. Pendant ce temps, l'exilé, le chômeur en fin de droit, l'accidenté en fauteuil roulant n'a que ses yeux pour pleurer. Ou pour regarder, s'il en a l'occasion, l'étrange alchimie qui a transformé sa vie plombée en trophée en or.

— Oui, mais, m'oppose le producteur, même si le succès d'un film sur la misère du monde peut rapporter des milliards, il n'empêche qu'il remplit quoi qu'il en soit une mission humanitaire essentielle.

— Laquelle ?

— Il alerte. Il braque un projecteur sur des ignominies et des injustices qui sans cela resteraient dans l'ombre. Il fait bouger les choses. Parce qu'il met le doigt sur l'essentiel.

— Ok pour le doigt ! Mais lequel ? Le majeur ?

J'exagère un peu bien sûr. Mais, franchement, j'ai du mal avec les tapis rouges. Ceux que foulent les princesses dépoitraillées et leurs chevaliers servants en smoking de soirée. Perchés sur leurs égos comme des coqs sur leurs ergots. Presque homonymes en fatuité. Croulant sous les flashes et les applaudissements pour avoir si bien interprété la cancéreuse en fin de vie ou le révolutionnaire torturé.

Mais, je m'arrête là. J'en ai assez dit de mes réserves pour ces stars déifiées, si loin de la pureté du Dieu dont est dérivé ce qualificatif. Réserves compensées par ma bienveillance, bien entendu. Parce que finalement, ce crime d'imposture n'est pas si grave. Les films sont bons, l'émotion est au rendez-vous, et le public en redemande. Donc, en guise de conclusion sur cette parenthèse cinématographique, on en revient forcément à la sentence de l'homme à la salopette :

« C'est le résultat qui compte ! »

Je vais maintenant quitter le monde des stars pour me pencher sur celui des anonymes. Sans lâcher le fil qui nous guide : la bienveillance aléatoire. En partant dans le milieu des associations caritatives. Pas celles parrainées forcément par des stars. Non ! Les milliers de petites, moyennes ou grandes organisations de bénévoles qui ne sont pas obligatoirement à la une tous les jours. Mais qui travaillent sans relâche au bien-être de tous ceux qui souffrent en silence.

Avec, pour commencer, les confidences d'un ancien médecin humanitaire, un soir de novembre 1992, dans l'arrière-salle d'un restaurant d'Ille-et-Vilaine. Un vieux Breton sympa qui m'avait fait découvrir le chouchen. Une boisson redoutable.

— La particularité de ce truc, c'est que ce n'est pas toi qui finis par tomber par terre, c'est le plancher qui vient te taper derrière la tête, m'avait-il appris.

L'autre particularité, c'est que ce soir-là, le chouchen ingurgité avait poussé mon ami d'un soir à se laisser aller à des confidences sans filtre.

— Tu sais pourquoi j'ai fait médecin humanitaire en Afrique ? m'a-t-il demandé d'une voix étonnamment claire et articulée malgré l'excès de boisson.

— Parce que là-bas, on avait plus besoin de toi qu'ici ?

— C'est vrai qu'on imagine pas la souffrance de ces gens. Surtout les gosses. Mais, en vrai, ma motivation première, c'était pas ça.

— C'était quoi ?

— Bon, je te le dis à toi parce que je t'aime bien et que je sais que t'es plutôt chaud. Et, ben, en vrai, c'était pour pouvoir me taper des blacks ! Des petites tendues comme des arcs. Avec une peau de rêve. Et puis alors, pas farouches ! Je me suis régalé !

Le « chaud » que j'étais a quand même fait une moue contrariée.

— Et tu me dis ça comme ça ?

— Ben ouais, parce que c'est vrai. Et crois-moi, je n'étais pas le seul. Il y en a plein comme moi. Qu'est-ce que tu t'imagines ? On est des humains. Pas des saints. Mère Teresa, c'est pour la vitrine. Ça te choque ?

— Ben... Un peu quand même. Et ils sont tous comme ça dans l'humanitaire à l'étranger ?

— Bien sûr que non. Mais y en a. C'est comme partout. Rien n'est tout noir, rien n'est tout blanc.

Il s'est versé un autre verre, l'a vidé, et m'a dit les yeux dans les yeux :

— T'es un grand naïf, toi. Un vrai humaniste, il paraît ?

— Oui.

— Alors continue à l'être, mais calme ton idéalisme. La générosité complètement désintéressée, ça n'existe pas. Même si on ne l'avoue jamais, on pense toujours d'abord à sa gueule en premier.

Et puis il m'a fait un grand sourire avant d'enchaîner :

— Mais ça n'a pas empêché que j'ai sauvé des vies. J'ai risqué la mienne au milieu des épidémies. J'ai accouché des mômes qui sans moi n'auraient jamais attrapé leur maman par le cou. Moi aussi, je les ai attrapés par le cou. Pas pour les mêmes raisons, mais j'ai jamais violé personne. J'ai profité, c'est tout.

Et après un dernier verre avant que le plancher vienne le frapper derrière la tête, il a conclu :

— J'ai rendu de vrais services à l'humanité. Ce qui n'est pas le cas de ceux qui pourraient me juger sans avoir jamais bougé le cul de leur chaise !

De la bienveillance mentie, alors ? Oui, si on veut. Puisque la motivation première n'était pas le dévouement absolu. Mais au bout du compte, le résultat, une fois de plus, était plus important que la manière de l'obtenir.

Donc, question :

La bienveillance finale peut-elle s'accommoder de travers, d'arrangements de soi à soi, de motivations égoïstes ou charnelles, au nom du « résultat qui compte » ?

Pourquoi pas ?

En conséquence de quoi, on va pardonner aussi à tous ces membres d'associations caritatives dont l'investissement doit plus au passe-temps qu'à la compassion réelle. Tu sais, ces bénévoles qui ne le sont que pour donner un peu de lumière à leur propre existence. Bien avant de penser à éclairer la misère de ceux à qui ils sont censés être dévoués.

Des Madame Bovary auxquelles l'humanitaire sert d'emplâtre pour un couple fracturé par la routine. Des princes pas charmants qui se disent qu'au hasard d'une réunion de solidarité, ils rencontreront peut-être leur fée. Carabosse ou pas, qu'importe. Et puis tous ceux et toutes celles qui cherchent simplement un job. Une occupation. Un bureau. Une distinction. Une autre manière d'exister tout simplement. L'occasion est si belle.

Mais que reprocher à un bienveillant, à un casseur de solitude ou de misère, à un garde-malade ? De penser aussi à eux ? De combler les manques des autres pour en même temps remplir les leurs ? Si ça participe au bonheur commun, ce mensonge de solidarité absolue ne mérite-t-il pas de larges circonstances atténuantes ?

Ils ne vont pas l'avouer, bien sûr. Ils vont marteler que seul le dévouement les motive. Ils vont parfois même s'irriter. Dire que c'est honteux de les accuser de faire passer leur égo avant la cause qu'ils défendent. Mais je sais que tu n'es pas dupe, toi qui en connais tant des comme ça. Et même si tu fais partie de ceux-là, tu sais bien que je n'exagère pas. Je suis même en dessous de la vérité pour certains.

Si j'osais, je terminerais en te disant :

« Elle a bon dos, la scoliose ! »

J'ai osé. Mais quoi qu'il en soit, je t'incite à la dévotion humanitaire. Les malades, les nécessiteux ont fait naître des milliers d'associations qui ont toutes une vraie raison d'être. Et qu'il faut encourager. Subventionner. Même si certaines de ces subventions sont parfois détournées pour des commodités personnelles. Le tissu de bienveillance que ces associations représentent est essentiel à un pays civilisé et responsable.

Encore et toujours :

« C'est le résultat qui compte ! »

Et si, pour clore le sujet, on souriait un peu ?

Allez ! Une anecdote comme je les aime. Improbable. Authentique. Je la tiens d'un ami de province, Alex, un quinquagénaire vigoureux. Mais qui apparemment était tombé sur plus vigoureux que lui. La dernière fois qu'on s'est vus, il s'est assis avec peine en face de moi au restaurant. Le visage était tuméfié, le bras en écharpe.

— Un accident de moto ?

— Non, un accident de gonzesse ! a lancé, rigolard, le patron du restaurant qui connaissait déjà l'histoire.

Alex est ce qu'on appelle un chaud lapin. Un garenne de province. À l'affût de la moindre escapade. Un collectionneur d'aventures plus ou moins glorieuses. Mais, marié à une suspicieuse, il doit inventer sans arrêt des stratagèmes nouveaux pour assouvir ses instincts les plus primaires.

Au nom de la « cunuculture » ! (Néologisme pour avertis confondant la cuniculture, science des lapins, et les fesses à l'air.)

Depuis deux ans, son nouvel alibi était un engagement dans une association pour le don de sang.

— C'est pratique, me dit-il. Réunion tous les mercredis soir. Mais je t'avoue que j'en ai pas grand-chose à foutre des rhésus ! La seule chose positive, c'est que je rentre à minuit en disant que la réunion s'est éternisée. Et je peux cavaler en douce. J'ai deux trois chaudes sur Tours. Que des pas encombrantes. Mariées, donc sans risque que ça s'accroche.

Je sais, les féministes vont hurler au sexisme. Mais rassurez-vous, mes princesses, Dieu est avec vous ! La punition du Ciel ne va pas tarder.

Alex me dit, déprimé :

— Tu te rends compte ! En deux ans, pas une embrouille. Jamais pris. Et là, la tuile !

Parce que les amours clandestines sont périlleuses. Nul n'est à l'abri d'un grain de sable. En l'occurrence, le grain de sable mesurait un mètre quatre-vingt-dix et pesait cent dix kilos. Le mari de la belle qu'il devait honorer ce soir-là. Un routier rentré plus tôt que prévu pour cause de mauvais temps.

Les caprices de la météo ! La punition du ciel annoncée, mesdames.

Et c'est Alex qui a pris la foudre au moment où il a toqué à la porte de la dame. Le mari l'a fracassé. Une épaule luxée, lèvres et arcade éclatées, la punition a été sévère.

— Et tu as raconté quoi à ta femme ?

— Presque la vérité. Une bagarre avec un routier. Dans ces cas-là, il faut coller le plus possible à la réalité pour pas se recouper.

Ça sentait le professionnel. Il a poursuivi :

— Ça faisait forcément vrai puisque c'était vrai. La seule nuance, c'est que j'ai dit que ça m'était arrivé sur la route parce que je lui avais fait une queue de poisson.

Le patron du resto n'a pas pu s'empêcher de lancer :

— De poisson peut-être pas, mais la queue, c'était bien vu !

Comme je ne voulais pas être en reste sur le chambrage amical, j'ai demandé à Alex :

— Tu as perdu beaucoup de sang ?

— Pas mal. L'arcade, ça pisse !

— Normal, c'était raccord avec ton prétexte : l'association pour la collecte de sang. La prochaine fois inscris-toi, dans une association pour non-voyants. Au lieu de te cogner, le mari t'aidera peut-être à traverser la rue !

Une bluette. Une petite anecdote de passage pour la détente. En plein sujet quand même. Parce que combien sont-ils au cœur de notre belle France profonde à faire rimer compassion et évasion ? Tous ces généreux et généreuses qui prétextent une chorale pour écoliers défavorisés, une SPA, une aide aux handicapés pour s'aider eux-mêmes à trouver la bonne raison de rentrer plus tard. A minima, pour des beuveries entre copains ou copines. Au mieux pour des coucheries adultérines.

Mais, bon, pour la dernière fois :

— C'est le résultat qui compte !

Je vais maintenant mettre à l'honneur les champions toutes catégories de la bienveillance publique : les hommes politiques. Enfin, « honneur » est un mot bien inapproprié pour certains. Pas tous, bien évidemment. Il reste des sincères, des vrais altruistes. Mais ceux-là ne naviguent pas ou très peu, à quelques exceptions près, dans les hautes sphères. Ils sont conseillers municipaux, maires, députés parfois, mais rarement au-delà. La charge politique élevée ne peut pas s'encombrer de réelle compassion et de sentimentalisme. C'est la guerre. Une guerre dont paradoxalement le cri d'attaque n'est pas : « On va tous vous tuer ! », mais : « On va tous vous faire du bien ! »

En pleine campagne électorale, tu les vois déambuler sur les marchés. Ils se forcent à serrer des mains moites. À caresser la tête des enfants. À croquer dans une pomme, du brie, ou de la saucisse à l'étal. À contrecœur. À contre-faim. Mais en réconfortant, en s'apitoyant. En lançant à chaque fois le petit mot de soutien, de solidarité. Dans l'espoir, non avoué bien entendu, qu'il se transforme en bulletin de vote.

— Vous n'êtes pas seuls. Je suis là pour vous !

De l'isolement à l'isoloir.

Allez ! Je me lâche un peu dans l'effet de style :

Tu les a tous croisés un jour ou l'autre, les porteurs de présents du PS : les faux mages de Hollande. Les moussaillons du FN, entêtés à baisser les voiles des femmes de l'islam : les gars de la Marine. Les poissonnières d'En Marche. Et un filet de Macron, un ! Les pères Noël pas très orthodoxes de Sarko. Mais c'était quand même la Saint-Nicolas tous les jours. Et les débraillés de la France insoumise. Soumis quand même, comme les autres, au serrage de louche à la volée et à la promesse irréalisable.

Ils veulent tous notre bien. Bon, ce n'est pas le même « bien », mais ils le veulent. Le bien pour nous, c'est d'abord ce qui est bien pour eux. En priorité pour un soir de victoire électorale où ils hurlent à tue-tête entre eux : « On a gagné ! » Alors que s'ils respectaient ce qu'ils nous ont convaincus qu'ils étaient, ils chanteraient pour nous : « Vous avez gagné ! »

Pour ce soir de gloire, ils sont prêts à toutes les étreintes, toutes les consolations. Ils écument les crèches, les maisons de vieux, les entreprises. Caméléons professionnels, ils s'adaptent à toutes les couleurs du peuple. Gris salopette ou doré chic. Ils la jouent ordinaire pour les ouvriers, montés s'il le faut sur une estrade bancale. Ils sont drapés de dignité aux commémorations. Parlant comme des charretiers pour plaire à la rue, et comme des professeurs pour séduire les réseaux. Comédiens. Tragédiens. Shakespeariens.

Avec la réplique de référence :

— Paraître ou ne pas être !

Et je sais de quoi je parle.

Parce que j'en ai rencontré à tour de bras, des élus de la République. Popularité oblige. Ils sont venus à moi soit par curiosité, soit par courtoisie. Parfois par admiration. D'autres fois parce qu'il est toujours bon d'avoir un artiste apprécié de la France profonde sur son porte-bagages. J'ai même été intime avec certains. Au point qu'ils me fassent de vraies confidences.

Je me souviens d'un, en particulier.

Je ne suis pas un délateur, tu le sais, donc je ne te dirai ni le nom, et encore moins les secrets intimes qu'il m'a confiés. Je veux juste te raconter ce qu'il m'a avoué concernant la vision de sa mission. C'est en adéquation parfaite avec le sujet qui nous intéresse. Et ça m'évite de m'étendre trop longuement parce que ça résume tout.

Il m'avait d'abord expliqué l'ingratitude de son métier. Les coups bas, les malveillances multiples de ce milieu-là. Les trahisons surtout. Celles que l'on subit, et celles qu'on est bien obligé d'imposer à son tour sous peine d'être englouti.

Il m'avait demandé :

— Tu te souviens de Pacman, un des premiers jeux vidéo ?

— Bien sûr. La tête jaune qui bouffait tout sur son passage.

— Ben, c'est nous. Si on n'avale pas les autres, on ne gagne pas ! On est tous des Pacman. Du plus obscur au plus puissant. Aussi bien dans un conseil municipal qu'à l'Assemblée nationale.

À l'époque, la bienveillance était un sujet qui me passionnait déjà. J'en avais déjà parcouru tous les paradoxes pendant mes longues nuits de philo de comptoir.

J'ai argumenté :

— Il n'y a pas plus bienveillants que vous dans vos discours, vos idéaux et vos promesses aux électeurs. Et d'après ce que tu me dis, c'est donc la malveillance entre vous qui est la garantie principale de votre réussite ?

— Pas entièrement. Mais en grande partie. Ton copain Chirac, par exemple, pour toi, c'est un bienveillant ?

— Ah, oui ! Sinon je ne serais pas son ami. Il me l'a prouvé à maintes reprises. Dans l'intimité. Et puis pour des générosités sincères que je lui connais. Des bienveillances extraordinaires pour des blessés de la vie, des malades, des handicapés. Un véritable altruisme. Et en plus, caché des médias.

— Je sais. Il a fait des choses d'une bonté absolue dont il ne s'est jamais vanté. De véritables offrandes qui, s'il avait voulu les étaler, auraient rendu de grands services à son image politique. Et c'est tout à son honneur.

J'ai apprécié :

— Pour quelqu'un de gauche, ça me fait plaisir que tu le reconnaisses !

Il a souri :

— C'est la moindre des honnêtetés. En tout cas, en privé, pour toi.

J'ai enchaîné :

— Donc, tu es d'accord avec moi, c'est un vrai bienveillant.

— Oui et non. Parce qu'il a tué aussi un paquet de ses ennemis politiques. Sans états d'âme. Et, pour le coup, sans une once de bienveillance. Il a combiné, trahi, lâché, menti, abandonné. Mais, sans cela, il n'aurait jamais été président...

Il a poursuivi, sincère et admiratif :

— ... Tous ceux qui ont accédé à la charge suprême de la République étaient des bienveillants de base. Ils y sont arrivés parce que les électeurs l'ont senti, l'ont deviné. Au-delà du programme, au-delà des débats, il y avait quelque chose de profondément bon chez eux qui a fait la différence. Un peu comme les artistes avec leur public. Des gens comme toi qui tiennent longtemps. On peut réussir quelque temps sur une posture.

Mais c'est le petit plus de bienveillance qui fait la pérennité...

Mais, il a tempéré :

— ... À part qu'en politique, si tu n'y ajoutes pas la fourberie, la bassesse, le calcul et une sévérité impitoyable pour ceux qui veulent te barrer le chemin, tu fais du surplace et tu disparais. Les plus forts chez nous, ce sont les pires parmi les meilleurs !

Jacques Chirac est mon ami. Tout ce que m'a dit mon interlocuteur ce jour-là est vrai. Au point que récemment, on m'a interviewé sur mon amitié pour lui, et sur ce que je savais du personnage. Le journaliste m'a demandé :

— À votre avis, qui Chirac a le plus trahi ?

J'ai répondu, sans hésiter :

— Lui-même. Parce que le fond de l'homme est d'une bienveillance rare. Mais que pour arriver où il est arrivé, il a fallu passer sur tous ses principes altruistes. C'était la condition *sine qua non*.

Alors, De Gaulle, Pompidou, Giscard, Mitterrand, Chirac, Sarkozy, Hollande, Macron, seraient tous des bienveillants impitoyables ? Des salauds généreux ? Bien évidemment !

Avec un paradoxe supplémentaire : notre bienveillance à nous, les sujets de la République. Une bienveillance caractérisée surtout par une absence de mémoire abyssale. Nous sommes les champions du dénigrement du président en place. Autant que nous sommes ceux de son absolution, une fois qu'il a quitté sa charge.

Aujourd'hui, Chirac n'a jamais été aussi populaire. C'est même le plus populaire de tous. La cote de sympathie de Sarkozy s'affine de jour en jour. Il est si dynamique, et Carla est si belle et si gentille. Le machiavélisme de Mitterrand est cité en exemple. Pompidou a laissé dans les mémoires l'image d'une France rassurante à celle de la figure bonhomme du personnage. Le Giscard vieillissant est passé d'aristocrate distant à gentil grand-père affable, visionnaire et protecteur.

Même Hollande, tant décrié, il y a si peu de temps, commence à regagner une petite estime. À grands coups de :

— Tout compte fait, ce n'était peut-être pas le pire !

Le plus déifié étant bien entendu le Général, qu'on ne se donne même plus la peine d'appeler par son nom. La référence absolue qu'on soit de droite, de gauche, ou de n'importe où. En oubliant, bien entendu, que les Français l'avaient dégagé *manu militari* sur un référendum dont quasiment tout le monde aujourd'hui a oublié la question.

Tous ceux-là ont été décriés, vilipendés, insultés, tout le temps qu'a duré leur règne. Et les voilà réhabilités par le temps qui passe. Et surtout par une mémoire qui tresse des lauriers à des têtes sur lesquelles on plantait avant des couronnes d'épines. Les voilà presque absous de leurs incartades, de leurs mensonges éhontés. De chacun de leurs abus de pouvoir et de chacun des pouvoirs de leurs abus.

Si ça c'est pas de la bienveillance !

C'est surtout le label France dans toute sa splendeur !

Et les révolutionnaires, paradoxaux eux aussi, qui vont avec : les Français. Râleurs, jamais contents. Rugissant leurs colères à la moindre machine à café, au moindre repas entre amis. Tigres prêts à bondir. Et en fin de compte, moutons. Bêlant. Soumis. Et bienveillants, donc, pour ceux qui les ont trompés sur la marchandise. Oubliant les promesses non tenues. Les utopies assénées aux tribunes des meetings. Acceptant sans un soubresaut, après la perspective d'un mieux garanti la main sur le cœur, la sempiternelle incantation postélectorale :

— Il faudra faire des sacrifices !

Je persiste et je signe.

Moutons. Bêlant. Soumis.

Puisqu'ils retournent aux urnes, naïfs, même pas échaudés, nourris d'espoir. Pour voter pour les mêmes ou presque, depuis des décennies. Comme atteints du syndrome de Stockholm. Quasiment énamourés pour ceux qui prennent en otage leur minimum vital, leur sueur, leur dignité et surtout de plus en plus fréquemment leurs libertés.

Ah, la belle liberté ! Parlons-en !

La première au fronton des mairies. Mais de plus en plus malmenée par les législateurs au nom justement de la bienveillance civile. Ils édictent des lois en avalanche pour tout réguler. Parfois à la va-vite. En pleine nuit dans un hémicycle à moitié désert. Le « Gai Paris » a des exigences que ne peut retarder la conscience républicaine.

— Faut pas déconner non plus ! m'a confié un soir, dans un bar à hôtesses, un député en vadrouille un peu ivre. On bosse, on se fait cracher dessus par la moitié de la population. On passe notre vie à jouer les assistantes sociales dans nos circonscriptions. Faut quand même qu'il y ait quelques avantages.

C'est à ce moment-là que l'escort-girl dont il tenait la main s'est immiscée avec malice :

— Ok. Mais votre loi qui veut faire passer les clients des prostituées pour des délinquants, faudrait peut-être que tu dises à tes potes de la dégager ! Parce que si on doit mettre en taule tous ceux qui vont aux putes, il va falloir fermer le Sénat !

La vanne était si percutante que je l'ai volée pour la mettre dans mon spectacle.

— Merci Sarah !

Mais, je me suis un peu égaré dans le trivial.

Je reviens au fond du propos.

La guerre au libre arbitre avec en étendard les prétextes de santé et de sécurité est le cheval de bataille de la plupart de nos élus. Insoupçonnables d'intentions opportunistes puisqu'il s'agit du bien commun. Avec une rhétorique incontournable : légiférer, formater, réduire, priver, supprimer, imposer, recadrer, limiter, diminuer, interdire. Un flot de verbes liberticides dont la justification se résume à un seul : protéger.

— D'accord, disent-ils, mais c'est pour votre bien !

Je dis sur scène :

— La limitation de vitesse à 80, c'est pas pour votre sécurité ! C'est pour le pognon ! Même si le Premier ministre a justifié la mesure en claironnant qu'il ferait tout pour sauver une vie. Mais on vit dans un pays où un tas de gens meurent à petit feu, où un paysan se suicide tous les deux jours. Alors avant de limiter la vitesse, il faut peut-être limiter l'indifférence, l'abandon et le mépris de ceux qui nous gouvernent pour les plus faibles d'entre nous !

Le public applaudit. Et les bien-pensants hurlent au populisme. Alors que ce n'est que de la lucidité. Mais leurs arguments sont imparables. Quoi de plus bienveillant que de nous pousser à conduire moins vite, moins boire, moins fumer, moins manger gras ? Que d'édicter des systèmes drastiques de sécurité dans tous les lieux publics ? Que d'enfermer tous ceux qui veulent entreprendre dans un carcan d'obligations de sauvegarde ?

— Mais, puisqu'on vous dit que c'est pour votre bien !

Fermetures administratives. Contrôles. Paperasse. Contraventions. Amendes. Huissiers. Saisies. Mise en demeure. Ça flingue à tout-va. Police Python ! La loi reptile enserre le cou. Et le petit commerçant, l'artisan, l'entrepreneur étouffent. Je peux y ajouter, pour le citoyen lambda, les peurs distillées par des communiqués officiels. Au moindre microbe errant, à la moindre alerte météo alarmiste. Au moindre sondage annonçant des hausses du nombre de victimes dans quelque domaine que ce soit. Au moindre risque contaminant.

Le ministère de la Santé communique :

« L'excès de SMS peut provoquer le cancer des doigts. En conséquence, nous recommandons fortement, avant qu'un texte de loi ne l'impose, le gant AON. Anti Ondes Numériques. La protection obligatoire pour taper des messages sur son mobile sans risques. »

— Et qui va le fabriquer, ce gant ?

— La société du beau-père de la sœur du ministre.

Hasard. Recoupement fortuit, bien sûr.

N'allez surtout pas penser qu'un service d'État pourrait être assujetti à des intérêts commerciaux familiaux pour le moins juteux. On a une éthique quand même ! De toute façon, un comité de surveillance officiel chapeaute tout ça. Bon, d'accord, le président de ce comité de surveillance est le gendre du ministre, mais c'est encore un hasard. Cette manie que vous avez de voir le mal partout !

Science-fiction, évidemment.

Suspicion extrapolée, mais certainement pas dénuée de tout fondement. Parce que derrière toute bienveillance gouvernementale affichée, il n'y a pas qu'une conscience du bien public. Il y a aussi parfois des intérêts bien éloignés de la sauvegarde de nos existences. Parmi les heureux bénéficiaires, on trouve des sociétés amies dont la fortune se bâtit sur la prévention de tout risque potentiel d'atteinte à l'intégrité physique ou morale. Des holdings de la prévenance. Des fabricants de radars, d'antiradars, d'éthylotests. Des groupes pharmaceutiques. Des sociétés d'assurances. Des marchands de protection de tout, alimentés en permanence par des faiseurs de loi dont la motivation tient plus de la corruption que de la compassion.

Quoi de plus bienveillant pour toi qu'un rond-point pour faciliter ton déplacement et t'éviter l'accident au carrefour ? Quoi de plus bienveillant pour un ponte du BTP que des commandes d'État de ces mêmes ronds-points en retour du coup de main préélectoral ? Quoi de plus bienveillant qu'une campagne de sensibilisation civique ? Au profit de publicitaires amis surpayés sur factures. Quoi de plus bienveillant qu'un sondage sur les dégâts de telle ou telle insécurité ? Surpayé, lui aussi, au profit d'un institut proche du pouvoir ? Etc.

Une goutte d'eau dans l'océan des bienveillances hypocrites.

Campagnes de précautions sanitaires, normes de sécurité. Nous sommes perclus de protections obligatoires. Comme des enfants déjà arthritiques. Paralysés par des règles de vie qui nous empêchent de vivre pleinement la nôtre. Fichés, encodés, ficelés, barbelés. Suréquipés en garde-fous. Et tout ça, encore une fois, au nom du bien-être obligatoire.

La belle aubaine !

— C'est une honte, me hurle le politique juché sur sa bonne foi de façade. Non seulement votre discours est populiste, mais il est irresponsable. Vos soupçons de collusion entre le sanitaire, le sécuritaire, l'État, et les puissances de l'argent sont une calomnie. Ne vous avisez pas de trop fanfaronner sur le sujet ! Des lois existent pour faire taire ce genre d'affirmations. Et si elles ne suffisent pas, on en inventera d'autres !

— Je n'en doute pas.

Et il enchaîne, plus calme, le regard droit, drapé dans sa dignité républicaine :

— Soyez raisonnable, mon cher Patrick ! Et ne voyez pas le mal partout. Notre bienveillance est sincère et désintéressée. Notre autorité législative salutaire. La protection du citoyen est notre devoir premier. Grâce à ces interdictions, certes parfois voleuses de plaisir, vous allez échapper à des accidents, des maladies, des deuils. Vous allez tout simplement vivre plus longtemps.

Et, bien sûr, le grossier primaire et indécrottable que je suis ne peut s'empêcher de répondre :

— Oui. Mais qu'est-ce que je vais m'emmerder !

Voilà ! C'est tout pour le sujet.

La charge est outrée, je sais. Et, si je veux être parfaitement honnête, je suis obligé de l'atténuer. Bien sûr que la véritable bienveillance politique existe. Ce monde n'est pas que tromperie et faux-semblants. Il y a des vrais idéalistes qui, à tous les étages, font preuve d'un altruisme irréprochable. Qui oublient leur égo dans le seul intérêt du bien public.

À l'inverse de celle qui en est en charge aujourd'hui, Jack Lang était ministre de « la » Culture, pas de « sa » culture. Roselyne Bachelot a défié son camp pour ne laisser parler que son cœur à l'occasion de la loi sur le Pacs. Simone Weil a été la voix des femmes avant d'être la sienne. Badinter est passé outre l'impopularité pour imposer sa loi humaniste sur l'abolition de la peine de mort. Et tant d'autres. Des maires, des députés tout en abnégation. Ne comptant pas les heures. Sacrifiant leur vie privée à la vie publique. Ce serait leur faire insulte que de ne pas le souligner. Il y a partout de vrais sincères, de vrais bienveillants, de vrais compassés. Des « émus de la République. » Alors ne condamnons pas tous les uns au nom de l'imposture de quelques autres.

Maman me reprend quand même :

— Il n'empêche. Ce que tu viens d'écrire n'est pas le passage que je préfère. Je ne t'ai pas trouvé justement très bienveillant dans ta diatribe. Juste parfois, mais exagérément accusateur. Plus clairement : le « tous pourris » tient plus d'un populisme primaire que de l'analyse recevable.

— D'abord, je n'ai pas dit « tous pourris », mais certains seulement. Et ensuite : « Populisme primaire et analyse recevable », voilà que tu te mets à parler comme eux, maintenant ?

— D'accord ! Je reformule. Comme tu le dis dans ta chanson, j'ai envie de te conseiller parfois, mon petit : « Ah si tu pouvais fermer ta gueule ! » Parce que, même si tu as parfaitement raison sur certains points, ton acidité pourrait lasser. Ou gonfler ton lecteur ou ta lectrice, pour ne pas parler comme eux, cette fois. Tu ne peux pas, à la fois prôner la bienveillance, et glisser dans la caricature, lucide certes, mais légèrement malveillante.

— D'accord, tu as raison. Je vais me calmer.

— Merci. D'ailleurs, j'aimerais que tu profites des dernières lignes de ce chapitre pour faire ton autocritique. Parce que ces « petits arrangements avec la bienveillance » que tu reproches aux autres, es-tu bien sûr qu'ils ne te concernent pas toi aussi ?

Bien reçu !

Alors je vais répondre aux questions qui fâchent.

Je vais m'en poser quatre. Profites-en toi aussi pour te poser les mêmes. Et si possible essaie d'y répondre avec sincérité. Comme je vais m'efforcer de le faire moi-même.

1) Patrick, n'as-tu jamais cédé à la bienveillance mentie ?

Bien sûr que si !

Moi aussi, j'ai été généreux avec des pauvres en me disant que cela dédouanait un peu ma conscience du confort dans lequel je vis. Puisque, de ventes de disques en places de spectacle, c'est à eux que je le dois, ce confort. Tous les artistes qui ont réussi la connaissent par cœur, cette culpabilité larvée. Et bon nombre de leurs générosités découlent de ce rachat de conscience non avoué. Moi aussi j'ai fait du bien en pensant à ma satisfaction personnelle. Pour mon image dans la glace. Moi aussi j'ai consolé des désespérés sans leur avouer que, par la même occasion, je me consolais de l'être au moins autant qu'eux.

En revanche, je ne me suis jamais servi de la compassion pour quelque défavorisé que ce soit afin d'en tirer un avantage financier. Jamais ! Pas une seule fois, je n'ai offert ma générosité pour valoriser mon image publique. Pour montrer que j'avais du cœur. Je reconnais juste quelques légères boursouflures d'égo qui n'ont été en aucun cas mes motivations premières.

2) Crois-tu qu'il est bienveillant de sacrifier le temps passé avec ceux qui t'aiment à celui occupé à assouvir tes passions professionnelles ou ludiques ?

Bien sûr que non !

Et cette question doit forcément résonner en toi qui me lis. Combien d'heures volées par ton métier ou tes loisirs à tes enfants ? Combien de repas d'affaires ou de repas de copains au détriment des repas de famille ? Combien de comptes à faire au lieu de contes de fées pour endormir ton gamin ? Combien de moments sur canapé pour des matchs ou des séries immanquables ?

J'avoue que ça a été aussi mon cas. Cette bienveillance chronique dont je m'honore a eu de sacrés trous d'air. Des absences égoïstes. Des manques d'écoute. Mais, comme je te le disais dans le premier chapitre, nous ne sommes pas parfaits, hélas ! L'important est d'agir de son mieux. C'est ce que j'ai toujours essayé de faire. Même quand mon mieux n'était pas suffisant.

3) Cette bienveillance que tu vénères, es-tu prêt à l'appliquer dans tous les cas de figure ?

Encore non !

Je m'y efforce seulement. Et c'est bien le mot : un effort. Quand, par exemple, je me plie aux selfies que je déteste. Je hais ces poses obligatoires à bout de bras. Je n'ai rien contre ceux qui me les demandent, mais j'ai beaucoup de mal avec le procédé. Donc, quand je m'y prête, ce n'est pas de la bienveillance pour celui qui me sollicite. Et pourtant, il repart, enchanté, en clamant à qui veut l'entendre :

— Il est vraiment sympa !

En l'occurrence, je ne suis ni sympa, ni bienveillant. Je compose. J'accepte de bonne grâce juste pour qu'on ne dise pas de moi : « Quel sale con ! » Tu vois que ma motivation est tout sauf altruiste. Mais reconnais-moi la bonne foi de l'avouer. Et s'il te plaît, si tu me croises, parle avec moi plutôt que de me flasher et de disparaître. Ça me prendra plus de temps qu'un clic, mais je préfère largement. Ce n'est pas la sollicitation qui me dérange. C'est de la limiter à une photothèque de portable.

Ça, c'est un tout petit accroc à ma bienveillance chronique. Mais il peut y avoir de grosses entailles. En cas d'agression caractérisée par exemple. Comme toi certainement. Même le plus appliqué des bienveillants peut sortir de ses gonds. À moins d'être d'une zénitude et d'une domination de soi-même inaltérable. En toute sincérité, ce n'est pas mon cas.

Je t'avoue même que, face à des salopards de haut vol, le poing dans la gueule me démange plus que l'indulgence. Mais aujourd'hui, par bonheur, mes velléités ne dépassent pas le coup de gueule. D'abord, je dois l'avouer humblement, pour de banales raisons physiques. Mes muscles n'ont plus les moyens de mes colères. Je ne suis plus de taille à me battre avec quiconque.

« Avant, je me bagarrais. Maintenant, je raisonne. C'est fou ce que la sagesse peut devoir à la lâcheté ! »

Et puis ensuite et surtout, pour être quand même indulgent avec moi-même, parce que l'âge m'a rendu bien plus mesuré. Mon manque de bienveillance s'arrête au haussement de voix. À l'emportement. À l'insulte parfois. Mais je suis incapable de mûrir une vengeance physique ou morale à l'égard de celui ou celle qui me fait du mal. Je vitupère d'abord. Et puis je serre les dents, j'encaisse et j'attends que ça passe.

Pour terminer cette autocritique, j'ai dû certainement commettre d'autres oublis de bienveillance. Des fautes peut-être graves. J'ai dû manquer d'attention, de présence. J'ai dû ignorer des demandes de soutien, des mains tendues. Il se peut que j'aie blessé par indifférence ou par cruauté. Mais ça n'a jamais été intentionnel. Au pire c'était de la bêtise, au mieux des maladresses.

C'est ce qui me différencie des malveillants de concours. Ceux qui mûrissent, préméditent leurs sales tours. Alors, si tu dois me condamner, en souvenir d'une bienveillance oubliée ou d'une malveillance avérée, accorde-moi au moins les circonstances atténuantes.

J'espère que tu t'es posé les mêmes questions que moi. Et que tu y as répondu avec autant de sincérité. Si, dans, ton constat, tu t'es accusé en secret de malveillances réelles et calculées, condamne-toi. Mais avec sursis, parce qu'il est toujours temps de changer de cap. Et je souhaite de tout cœur que ce livre t'y aide. Mais, si tu n'as constaté, à mon instar, que des fautes de bienveillance non intentionnelles, sois clément avec toi-même. Ne te flagelle pas inutilement. Promets-toi d'être plus attentif. Et accorde-toi, toi aussi, des circonstances atténuantes.

Ce terme juridique est le lien parfait avec la dernière question :

4) Si quelqu'un tuait un de tes très proches, quelle serait la hauteur de ta bienveillance ?

Je vais te répondre dans le chapitre suivant.

Celui que je veux consacrer dans sa première partie à la justice.

Parce que la bienveillance est paraît-il sa mission première.

Paraît-il !

CHAPITRE 5

C'est Éric qui m'a dit :

— La bienveillance est la première mission de la justice.

Éric, c'est Dupont-Moretti, l'avocat. Mon ami. Mais, il avait aussi ajouté une phrase à mes dialogues, à l'occasion du rôle que je lui avais offert dans le téléfilm : *L'Affaire de maître Lefort.*

Il me disait, les yeux dans les yeux :

« La justice est une administration avant d'être une vertu. »

Je vais revenir sur l'ambiguïté de ces deux affirmations, si on les met côte à côte. Mais, je veux évoquer d'abord cette présumée bienveillance. Éric a raison sur la mission première de la justice. Mais, pour bien comprendre, il faut juste préciser que cette bienveillance a deux composantes : la peur du châtiment, d'une part, et, d'autre part, la clémence des tribunaux qui peuvent à la fois atténuer les culpabilités, et réparer les torts faits aux victimes.

Dans un premier temps, la crainte de la sanction est effectivement le régulateur de la bienveillance. Le thermostat du sang chaud. Madame Damoclès qui suspend ses épées au cas où. Alors, forcément, au moment de passer la ligne jaune, on piétine, on gamberge. Mais, combien de malveillances, de délits, de saccages, de crimes, commettrions-nous si nous avions l'impunité ?

Et pourtant, Dieu que le monde serait beau si nous arrivions au même résultat sans cette peur du châtiment ! Si nous étions bons par conviction, et non par obligation. Ce dont j'aimerais tant ici te convaincre. Utopie de Bisounours, je sais. Mais, il suffirait de si peu.

Quelques suggestions de bienveillance spontanée :

Ne pas tracasser son voisin. Non pour éviter la plainte au commissariat du quartier, mais pour vivre en bonne entente sans empiéter sur la quiétude mutuelle.

Ne pas conduire ivre. Non par crainte des points retirés, mais juste pour ne pas mettre en danger la vie des autres.

Ne frapper quiconque. Non par peur de la main courante, mais juste parce que la violence est stérile.

Ne pas voler autrui. Non par anticipation de la prison, mais parce que le bien acquis l'est parfois avec peine et qu'en priver son détenteur est profondément injuste.

Et ne pas tuer, bien entendu. Non pour éviter les Assises, mais parce que la vie est sacrée.

Alors, bien sûr, l'hyperréaliste me lance :

— T'as raison ! Plus Bisounours que ça, y a pas ! Non, mais franchement, comment peut-on se vautrer à ce point dans la guimauve ? Faut sortir, papy ! La vie, c'est pas Barbara Cartland ! Ton sermon, c'est de la berceuse pour gosse de quatre ans. Parce que dans la vraie vie, crois-moi, s'il n'y avait pas le risque de la taule, avec toutes les galères qui nous pourrissent l'existence, les conneries que tu viens de dire, j'en ferais une par jour. Et j'en rajouterais même des bien pires !

Je sais, mon gars. C'est naïf. Risible presque. En décalage total avec le monde sans pitié dans lequel nous vivons. Parce qu'effectivement, s'il n'y avait pas menace d'amendes, de mises en examen, de procès, de centrale pénitentiaire, ce serait « table ouverte ». Envoyez la délinquance, c'est moi qui régale ! Ce serait la loi du plus malin. Du plus fort, du plus armé. Mais certainement pas celle du plus bienveillant.

Et pourtant, elle est là, pour moi, la priorité absolue du bien vivre ensemble.

« Ne pas faire aux autres ce qu'on ne voudrait pas qu'on nous fasse. »

Sans la contrainte légale.

Un doux rêve.

Parce que malheureusement, ce n'est pas le cas. Même si j'en connais beaucoup plus qu'on croit qui résistent quand même à l'air ambiant dont je parlais plus haut. Des Jean Moulin dans une France occupée… à se nuire mutuellement. Ce n'est pas la peur du châtiment qui les pousse à la bienveillance. C'est leur intime conviction. Leur fond d'âme.

C'est aussi mon cas.

Ce n'est pas la crainte de la sanction judiciaire qui me fait respecter les lois du bien vivre ensemble. C'est, encore une fois, ma bienveillance chronique. Je suis sociable de nature. Vigilant sur toute nuisance à autrui. Attentif au bien-être de l'autre. Sans autre motivation que de lui foutre la paix. Et en aucun cas ne porter atteinte à son intégrité aussi bien physique que morale.

Un saint alors ?

Surtout pas.

Il n'y a pas la taille en auréole !

Un simple humain qui s'efforce d'être prévenant, seulement.

C'est déjà ça !

Si je ne mets pas la musique fort, c'est parce que je ne veux pas polluer mon voisin. Et non parce qu'il risque d'appeler la police municipale.

Si je traite bien mes employés, ce n'est pas par crainte de me retrouver aux Prud'hommes. C'est parce que je respecte leur travail.

Si je paye mes dettes, ce n'est pas pour éviter la saisie. C'est pour ne pas porter tort à ceux à qui je dois.

Si je suis prêt à aider ou secourir en toute occasion, ce n'est pas la perspective éventuelle d'accusation de non-assistance à personne en danger qui me donne mon élan. C'est mon penchant naturel à la solidarité.

Si je n'ai jamais escroqué qui que ce soit, ou abusé d'une faiblesse, ce n'est pas le code pénal qui m'en a empêché. C'est mon code de conduite.

Et je peux même y ajouter une confession bien plus intime.

Il y a à peine quelques mois, je n'ai pas accepté que de vieux amis très méchants règlent pour moi des comptes définitifs avec une ordure impardonnable qui m'avait fait grand tort. Et pourtant, ils me le proposaient de bon cœur. Au nom de notre amitié inaltérable. Sans contrepartie. Avec aucun risque qu'on remonte jusqu'à moi.

Ce n'est pas non plus le code pénal qui a dicté ma grâce.

C'est mon code d'honneur.

Pour conclure, je suis pétri de défauts. Mais j'ai une qualité dominante : je suis profondément honnête. Et si je le suis, ce n'est pas que je redoute de me faire prendre si je ne l'étais pas. C'est parce que le vol, l'escroquerie, l'abus de confiance et autres malveillances illégales ne sont pas dans mon ADN. Même dans une partie de cartes entre copains, je suis incapable de tricher !

Et là, l'hyperréaliste me relance, évidemment :

— Alors là, soit t'es un faux-cul, soit t'es un vrai con !

Je réponds :

— Faux-cul, sûrement pas. Je suis juste un vieux mec de soixante-cinq piges que la conscience tranquille aide à bien dormir. Un vrai intègre capable de marcher droit sans qu'on lui fasse tinter le trousseau de clés d'une cellule pour le forcer à rester dans la bonne direction. Con, peut-être ! Mais si la norme est de ne pas l'être, tu ne peux pas savoir comme je suis fier d'être anormal !

« Je ne crains pas les déséquilibrés. Et encore moins les marginaux. Ce sont les gens normaux qui m'effraient ! »

Cependant, je reconnais qu'il est loin d'être évident de l'appliquer contre vents et marées, cette bienveillance chronique. Surtout si on l'offre à des malveillants tout aussi chroniques. C'est souvent la meilleure occasion de donner raison au dicton populaire : « Trop bon, trop con ! », justement.

Cette sentence va me mener tout droit à évoquer la deuxième composante de la bienveillance de la justice. Celle des prétoires. Celle qui absout, qui innocente, qui dédommage, qui atténue.

Avec une question essentielle :

« La bienveillance pour les coupables n'est-elle pas, par essence, de la malveillance pour les victimes ? »

Elle fait la une de tous les journaux, cette bienveillance-là. À chaque récidive tragique. À chaque nouveau crime d'un relâché trop tôt dans la nature. Sans précautions. Sans suivi. À chaque indulgence coupable d'un juge d'application des peines trop généreux. Et les aboyeurs se déchaînent. La meute se lance dans la chasse à courre. Et bien entendu, les politiques transforment ça en semence électorale. L'ivraie qui fait le bon grain.

On a droit à tous les « on aurait dû » et autres « il fallait pas ». Et les journaux télé en profitent pour tourner un épisode de plus de leur série-réalité : « Poubelle la vie ». Les projecteurs virevoltent de lieu du crime en maison de la victime. Zoom sur les larmes de colère des proches. Travelling avant sur le sociologue qui défend l'indéfendable. Et puis, coupez !

Tout s'arrête. Après quand même quelques jours de colères hurlées et de débats houleux. Histoire d'alimenter les parts de marché des chaînes d'infos et booster les tirages en kiosque. Les politiques se trouvent une autre indignation populaire pour faire grimper leur cote d'amour. Et le soufflé retombe. Jusqu'à la fois d'après. Jusqu'à la prochaine remise en liberté irresponsable. Au nom de la clémence humaniste. Et en dépit de la crasse de l'âme des irrécupérables.

Parce que la bienveillance est la plus vertueuse des excuses.

Même quand elle devient la caution de la pire des malveillances.

Le paradoxe. Encore et toujours.

Avec cette anecdote personnelle pour illustrer mon propos.

C'était pendant le tournage du téléfilm *L'Affaire de maître Lefort*. Dans une rue du centre-ville d'Aix-en-Provence. À deux pas du palais de justice où je devais jouer une scène de procès. Je sortais du car-loge en robe d'avocat. Un couple m'a croisé. La femme s'est mise à m'insulter :

— Ordure ! Fumier !

L'homme qui lui tenait la main l'a raisonnée :

— Mais arrête ! C'est pas un « vrai ». C'est Patrick Sébastien.

Le regard plein de haine, elle a insisté :

— Je m'en fous. C'est des salauds quand même !

L'homme l'a entraînée. Puis il lui a lâché la main pour revenir vers moi, pendant qu'elle continuait son chemin seule en maugréant.

— Excusez-la, m'a-t-il dit, embarrassé. Mais elle est un peu perturbée. En plus, elle vous aime bien.

— Qu'est-ce que ça serait si elle ne m'aimait pas !

— Ce n'est pas à cause de vous. C'est la robe d'avocat. Depuis le drame de notre fille, elle a un gros problème avec ça.

Et il m'a raconté.

Un classique de la récidive, hélas ! Leur gamine violée, mutilée et laissée pour morte dans un chemin. Elle n'avait eu la vie sauve que grâce à l'arrivée impromptue d'un joggeur. L'agresseur identifié et vite arrêté en était à sa troisième arrestation. Enfermé deux fois. Et relâché six jours avant pour bonne conduite.

Le père a argumenté avec le bon sens commun à toutes les victimes d'une justice qu'ils ne comprennent pas. Ce bon sens que les hauts penseurs qualifient de populiste :

— La bonne conduite, ça n'efface rien. Si je grille un feu rouge, j'aurai beau expliquer aux flics que jusque-là je l'ai eu, la bonne conduite, ils ne me feront pas de remise. Je payerai plein pot. Ça veut dire que pour une petite faute, y a rien à faire. Et que plus t'es dégueulasse, plus on te fait des cadeaux. J'ai pas raison ?

Je n'avais évidemment pas l'esprit à argumenter à mon tour.

Parce qu'il n'était pas populiste. Il était malheureux.

Et parce que c'est bien plus complexe que ça. Et, surtout, c'était inaudible pour lui. Je ne pouvais décemment pas essayer de le convaincre qu'il était impossible de prévoir la récidive systématique. Qu'on ne pouvait pas garder indéfiniment un coupable en prison. Qu'il fallait une deuxième chance, voire une troisième en l'occurrence. Que l'indulgence de la justice est ce qui sépare les vraies démocraties des sociétés barbares. Enfin tous les arguments recevables dans un débat. Mais inappropriés face au regard perdu d'une double victime. Celle à la fois d'un crime et d'une bienveillance judiciaire, qu'il estimait totalement injuste et, qui plus est, assassine.

La compassion m'a juste imposé de lui répondre :

— Bien sûr que oui, vous avez raison. Je vous comprends.

Et on a parlé. De sa peine. De la blessure indélébile de sa fille. De la prison a minima pour le coupable, violé lui aussi dans son enfance. Comme si avoir attrapé le sida par les uns dédouanait de le refiler aux autres ! De sa remise trop rapide dans le circuit par une justice aveugle. De la dépendance financière aussi. Celle qui nous octroie un avocat plus ou moins qualifié selon nos moyens. Le leur avait été aussi inefficace que bon marché.

— Si c'est pas de l'injustice ça ! avait-il conclu, résigné.

Au moment de me quitter, il m'a serré la main en me renouvelant ses excuses pour sa femme. Avec un de ces regards qui t'arrache les tripes. Désespéré et soumis. Parce que c'est comme ça. Parce qu'on ne peut rien y faire. Et il est parti voûté. Comme tous ceux-là. J'étais bouleversé.

Un assistant m'a tapé sur l'épaule :

— On est prêt. Il faut que tu y ailles. On va tourner.

J'ai failli répondre :

— Non.

Et j'y suis allé, bien sûr. Mais, après la scène, en posant ma robe d'avocat dans mon car-loge, je me suis dit que j'avais bien de la chance que ce ne soit qu'un rôle. Moi, qui avais entrepris quelques études de droit, après mes deux ans de lettres, dans l'espoir de la porter en vrai, cette robe. Fausse route. Rétrospectivement, j'ai pensé que ma bienveillance chronique aurait eu beaucoup de mal à s'accommoder de mes cas de conscience.

L'illustration de la question que je posais plus haut :

« La bienveillance pour les coupables n'est-elle pas, par essence, de la malveillance pour les victimes ? »

Alors d'accord, il y a pléthore d'excuses recevables qui justifient les clémences pour les coupables. Une enfance maltraitée. Des humiliations. Des conditions de vie dégradantes. Des élans incontrôlables. Tout ce que les avocats de la défense vont répertorier minutieusement. Pour faire leur travail. Juste leur travail. En attendant que juges et jurés fassent le leur.

Et au bout, forcément, des rancœurs indélébiles.

Au nom de la bienveillance, mission première de la justice.

« Sursis est le mot le plus difficile à avaler pour des victimes condamnées au chagrin à perpétuité. »

Guy Georges sortira peut-être un jour de prison. Ses victimes ne sortiront pas de leurs tombes.

Le dernier terroriste survivant des attentats du 13 novembre argumente, et justifie l'horreur à grands coups de guerre sainte. Les parents des victimes se taisent. Muets de douleur et de dégoût.

L'assassin de la petite Maëlys parle de massacre involontaire. Qui sait si, bien épaulé par un avocat talentueux, il n'y aura pas réduction de peine ? En tout cas, celle des parents restera entière. Elle augmentera peut-être même en cas de clémence.

Bertrand Cantat rechante. Et des bienveillants viennent l'applaudir. Ils n'ont pas forcément pardonné à l'homme. Mais pour eux, le chanteur n'y était pour rien. D'accord, il a payé, mais ça me dérange. Pas qu'il refasse son métier. Mais que ce soit sur des planches. À chaque sortie de scène triomphante et méritée pour l'artiste, je ne peux m'empêcher de penser à Marie, bien sûr, mais surtout à ses parents. Des gens de spectacle qui savent plus que tout autre que les rappels ne feront revenir que lui.

C'est l'occasion de répondre à la question que je posais à la fin du chapitre précédent :

« Si quelqu'un tuait un de tes très proches, quelle serait la hauteur de ta bienveillance ? »

Dans la situation de la famille Trintignant, je pense que, paradoxalement, le mot « bienveillance » prendrait encore plus de place dans mon vocabulaire. Je m'efforcerais d'en distribuer le plus possible autour de moi. De me répandre en bienfaits. De transformer ma boule au ventre en mille petites billes généreuses à partager avec des nécessiteux du cœur. Des paumés. Des blessés.

Maman sursaute :

— Tu veux dire que si on tue ton enfant, tu vas en retour te transformer en bon samaritain ? Là, soit tu nous prends pour des imbéciles, soit tu délires.

Mais non, je ne délire pas. J'aurais la haine. Bien sûr que j'aurais la haine. Un poison qui me tordrait le ventre jour et nuit. Et la bienveillance serait l'antidote. De la même manière que, lorsque le petit est mort d'accident, je me suis appliqué à consoler chaque triste que je croisais. Ça a été ma survie. C'est à cette occasion que j'ai appris que le bienfait pour autrui à haute dose est le meilleur remède contre les douleurs que la vie nous inflige.

— Je comprends mieux. Soigner le mal par le bien, en quelque sorte ?

C'est exactement ça. Dans un cas comme celui-là, c'est légitime d'en vouloir à la terre entière. Mais ça démultiplie la souffrance. Se forcer au contraire à transformer son immense dégoût en compassion pour l'humanité, ça apaise. Je sais, ça paraît insensé, absurde, mais c'est le seul remède. Parce qu'au moment d'une telle défaite, il faut au plus vite la compenser par une victoire. Et celles sur nous-mêmes sont les plus belles. Elles ne soignent pas, bien sûr. Mais elles cautérisent. Elles désinfectent.

— Je peux l'entendre… Mais dans cette bienveillance universelle, tu inclus l'assassin ?

— Ah non, surtout pas ! Je te parle de survie, pas de pardon impossible.

— Pourtant, dans ton poème du début, tu dis : « Il n'est de vrai pardon que pour l'impardonnable » !

— Je maintiens. Certains y arrivent. Mais moi, cette vertu-là, je ne l'ai pas. Au contraire, je souhaiterais de tout cœur que la justice ne lui fasse aucun cadeau. Qu'elle soit impitoyable. Et qu'elle m'épargne surtout les litanies des excuses d'occasion.

— Pourtant, tu te prétends humaniste.

— Mon humanisme s'arrête à la frontière de l'horrible. Je n'ai pas la moindre pitié pour ceux qui n'en ont pas. De la même manière que si j'étais coupable de telles atrocités, je souhaiterais qu'on ne m'accorde aucune compassion.

Et Dieu fasse que je ne sois jamais désigné pour être juré !

Parce que, juré, c'est abjurer. Abjurer ses idées reçues, ses penchants, son vécu, son passé, son passif. Même si on laisse l'illusion du libre arbitre, l'intime conviction est quoi qu'il en soit cadenassé par le code pénal. On est là pour appliquer la loi. Rien que la loi. Dans le cadre de ce qu'elle nous propose. Avec les obligations de cérémonie qu'elle nous impose : suspension d'audience. Reprise d'audience. Serment de dire la vérité qui n'est qu'une formule invérifiable. Box de l'accusé. Boxe des avocats. Combats de coqs pour prouver qu'on pousse le plus beau « cocorico ! ». Circonstances aggravantes. Atténuantes. Condamnation dans la certitude. Acquittement dans le doute.

Alors, bien sûr, certains dérogent. Ils s'arrangent en douce avec leur âme et conscience. En regard de leur conviction intime, comme il leur est demandé. Mais parfois aussi, hélas !, en fonction d'un siège inconfortable, de la chaleur, d'une envie de manger ou de dormir. Et bien souvent encore, ils condamnent ou innocentent à contre-voix. Sous la férule de juges qui orientent cette intime conviction selon leurs propres penchants. Alors que, par déontologie, leur devoir serait de rester neutres.

« Il arrive parfois à la justice d'être juste… Mais alors, tout juste ! »

Quoi qu'il en soit, au bout du compte, la majorité fait loi. Et le verdict tombe. Dans quatre-vingt-dix-neuf pour cent des cas, trop doux pour l'avocat des victimes, et trop sévère pour l'avocat des coupables. Et on applique. On punit ou on absout sans autre forme de débat.

C'est comme ça.

C'est la justice.

Comme dit Éric : une administration avant d'être une vertu. Même s'il ne sera certainement pas d'accord avec tout ce que je viens d'énoncer. Mais je sais qu'il en débattra avec moi en toute impartialité. Ça, c'est une vertu.

Pour conclure, pourquoi me suis-je étendu sur ce sujet ?

Et en quoi peut-il être utile à la bienveillance que je veux t'instiller ?

Tout d'abord, comme j'ai tenté de te le démontrer, en te poussant à être altruiste hors la crainte de la sanction. Je te promets que tu vivras beaucoup mieux en paix avec les autres et avec toi-même. Et, ensuite, dans ton tribunal personnel, en étant peut-être moins indulgent pour certains coupables en regard de la blessure que cela va ajouter aux souffrances de la victime.

Je vais à présent totalement changer de cap pour consacrer la deuxième partie de ce chapitre à nos bienveillances familiales. Le rapport avec la justice ? La statistique accréditée pour tous les instituts de criminologie :

« C'est dans les familles qu'on se tue le plus. »

Eh oui ! Des crimes passionnels aux crimes de fortune, l'homme a la fâcheuse manie de faire couler en priorité un sang qui est le même que le sien. C'est vieux comme Caïn et Abel. Sans en arriver à cette extrémité tragique, nos désagréments quotidiens résultent d'une multitude de malveillances qui émanent du voisinage le plus proche. C'est pourquoi je vais te parler maintenant de la bienveillance familiale partagée. Essentielle. Vitale.

Maman intervient à nouveau :

— Ça, ça m'intéresse vraiment. Parce que tu n'as pas toujours été bienveillant avec moi.

— Toi non plus.

— Moi, ça n'a jamais été intentionnel.

— Moi non plus.

C'est vrai dans les deux cas. Non intentionnel. Et c'est pour ça que notre amour demeure intact outre-tombe. Sans rancune. Sans reniement. Sans un seul bémol à notre entente fusionnelle. Et pourtant, on en a eu des engueulades ! Des sévères. Au prétexte de l'indifférence de l'un ou de l'autre. Pour une parole déplacée. Un coup de téléphone oublié. Un mensonge. Une critique trop appuyée sur la conduite de l'un ou de l'autre. Comme toi. Comme nous tous. Parce que c'est le lot de toutes les familles.

La famille a un inconvénient majeur : celui de descendre les uns des autres. Donc, de vivre les uns avec les autres.

Parfois, les uns sur les autres. Avec le choix de certains de s'épanouir les uns sans les autres. La réussite des uns plus que les autres. Et surtout, bien plus souvent qu'on croit, les préférences des uns aux autres. Alors, forcément, la promiscuité crée l'embrouille. Une évidence. Mais je vais laisser de côté pour l'instant la famille du sang. Pour d'abord te parler de la famille du cœur.

Celle qu'on se crée : le couple.

Mon copain Fred était avec Vanessa depuis une dizaine d'années. Lui, quarante ans, elle, trente-sept. C'était une très belle. Pas seulement une sur laquelle on se retourne. Une qui vous retourne. Qui vous donne envie qu'elle vous détourne. Et, en plus, elle n'était pas que ça. Brillante, racée d'esprit, vive, travailleuse. Et comme il était aussi beau et brillant qu'elle, on pouvait appeler ça le couple idéal. Le mètre étalon fusionnel de nos soirées entre amis.

Et puis, un soir, Fred a franchi la porte au bras de Ghislaine.

Je n'ai rien contre les Ghislaine, mais l'énoncé de son prénom sonnait légèrement moins moderne que Vanessa. Son ex. Eh, oui ! Le couple idéal avait implosé quelques semaines plus tôt. En découvrant ce nouveau duo, toute la bande d'amis a eu la même réaction. Un sourire forcé, et la même question que personne n'a osé poser, mais qui nous brûlait tous les lèvres :

— Mais qu'est-ce qu'il fout avec celle-là ?

Parce que le prénom n'était qu'un infime détail dans notre questionnement. Pour être clair, ils n'allaient pas bien ensemble. Le « dépareillé » était surtout physique. Lui, toujours beau, rayonnant. Et elle, quelconque. Pas moche. Juste ordinaire, à peine au-dessus de la moyenne. Un peu lourde, coiffée stricte, et habillée à la mode. Mais la mode d'une autre époque. Si éloignée de la Vanessa longiligne à la chevelure de lionne, toujours impeccablement mise en valeur dans du Barbara Bui.

— Ma nouvelle compagne ! a annoncé Fred.

Et il a ajouté, pour désamorcer tout de suite la gêne palpable :

— Si vous êtes vraiment des amis, évitez de poser des questions. Je vous expliquerai plus tard.

Le repas s'est déroulé sans qu'aucun de nous ne fasse la moindre allusion à Vanessa. Et, contre toute attente, Ghislaine nous a vite séduits. Par son sourire, sa douceur. Sa culture aussi. Vanessa, directrice d'une boîte d'événementiel, était redoutable en marketing. Ghislaine, la bibliothécaire, a réussi à nous passionner pour Kundera. Même si la première fois qu'elle a prononcé son nom, mon copain Nono, fan du PSG, a demandé dans quelle équipe il jouait.

« Lorsque le cœur a parlé, il n'est pas convenable que la raison élève des objections. »

C'est quand elle nous a offert cette citation de l'écrivain, extraite de *L'Insoutenable Légèreté de l'être*, que j'ai commencé à avoir une petite idée de la raison pour laquelle Fred paraissait si serein à ses côtés. À dire vrai, c'était même la première fois que je le sentais aussi détendu. Aux côtés de Vanessa, il semblait toujours un peu crispé. Distant. Comme ailleurs.

Là, il était en osmose totale. Il participait avec flamme à nos discussions de café du commerce. Même avec nos blagues les plus lourdes, il était dans le coup. D'habitude, il avait toujours un temps de retard pour réagir. Et chaque fois, seulement après avoir jeté un œil vers Vanessa, comme s'il attendait son accord pour rire avec nous.

Bref, nous avons tous adopté Ghislaine, sans autre forme de procès comme on dit. Tant il est de coutume, comme partout, quand un ami change de partenaire, d'asseoir le nouvel arrivant au banc des accusés avant de lui offrir un siège à table. Tribunal muet, bien entendu. Chacun ses critiques et ses condamnations dans son for intérieur. En fin de compte, le verdict a été plutôt clément. Même si personne n'avait trouvé la réponse à la question première :

— Qu'est-ce qu'il fout avec elle ?

Il était hors de question que je n'en sache pas plus. Juste avant de partir, j'ai pu prendre Fred à part, seul. Pendant que Ghislaine, inculte en ballon rond, se faisait expliquer par Nono le principe du hors-jeu. Ça ne la passionnait pas vraiment. Mais elle faisait comme si.

Bienveillante.

Un début d'explication ?

Au nom de notre amitié, j'ai demandé à Fred de m'éclairer. De me donner les vraies raisons de cette nouvelle alliance. Avec, bien sûr, la première question qui me venait à l'esprit :

— C'est Vanessa qui est partie ?

— Non, c'est moi.

— Pourquoi ?

— Parce que Ghislaine est gentille.

Il m'avait dit ça comme un enfant qui parle de son institutrice en primaire. Et il a développé. En reconnaissant la presque perfection de Vanessa en tout. Sauf en bienveillance. En petites attentions. Là où Vanessa le harcelait : « Laisse pas traîner ça ! », Ghislaine disait : « Laisse, je vais le ranger. » Et finalement c'est lui qui rangeait, mais avec le sourire.

Vanessa l'entendait, mais ne savait pas l'écouter. Vanessa était sa femme et sa maîtresse. Ghislaine était aussi sa mère, sa sœur, sa meilleure amie. Elle était ce qu'il désirait à la demande, mais sans qu'il le demande. Elle anticipait ses besoins parce qu'elle les ressentait avant qu'il ne formule le moindre souhait. Elle était la bienveillance même dans les mots, les gestes, et surtout, surtout, dans les silences.

« Le non-dit est le socle de toute bienveillance en couple. »

Retenir les reproches, les questions inutiles, les soupçons. Rentrer les colères, si justifiées soient-elles. Faire taire son égo, son orgueil. Et ce n'est pas qu'une formule. Les faire taire vraiment. Pas un mot plus haut que l'autre. Chut ! Savoir qu'on a raison sans pour autant harceler l'autre jusqu'à ce qu'il reconnaisse qu'il a tort. Se taire chaque fois que ce qu'on a à dire n'est important que pour soi.

C'était ça, le « plus » de Ghislaine qui compensait largement tous ses « moins ». En retour, il s'était délesté de tous ses égoïsmes. Toutes ses petites manies d'ex-célibataire que Vanessa ne manquait pas une occasion de lui reprocher. Il était devenu un autre. Sans qu'on cherche à le lui imposer. Couvrant à son tour Ghislaine d'une bienveillance que lui-même n'aurait jamais soupçonnée. Découvrant lui aussi la force des silences.

Alors, d'un côté, le physique, bien sûr, la modernité, la vivacité volcanique de Vanessa. Mais de l'autre, la sérénité, l'attention, la protection de Ghislaine.

J'ai tout écouté, attentif. Et j'ai quand même lâché :

— Pourtant, à première vue, y a pas photo !

Il m'a répondu :

— T'as raison. Ghislaine c'est pas un selfie. C'est un tableau de maître ! Un selfie, ça s'efface d'un doigt. Un tableau, ça reste. Et plus ça vieillit, plus ça vaut cher !

Pas besoin de s'étendre plus. L'exemple de Fred et Ghislaine suffit. La bienveillance mutuelle est le premier ciment du couple. J'en connais cent qui ont explosé pour l'avoir négligée. Pourtant, il y avait presque tout le reste. Le sexe, les passions communes, le dialogue, le confort douillet. Manquait ce petit plus d'indulgence et d'attention.

— Je ne comprends pas ce qu'elle lui trouve, me confiait un autre ami que sa compagne avait quitté pour un quelconque.

Peut-être ce qu'elle n'avait pas à chercher. Des petits cadeaux quotidiens d'intérêt pour elle. Des inquiétudes, des prévenances. D'ailleurs, les voleurs de femmes des autres le savent tous. Une performance sexuelle, un bien matériel ajouté peuvent faire pencher la balance. Mais l'arme première, c'est la précaution apportée au moindre désir, au moindre état d'âme. Ce que me confirmait récemment un « chasseur professionnel ». À l'affût de la moindre « proie » à débusquer. Spécialiste de l'épouse insatisfaite. Un vivier, d'après ses dires.

Il me confiait, non sans une vanité de mauvais goût :

— Je peux attraper n'importe laquelle. Même la plus méfiante. Il suffit de la faire parler de ce qui lui manque. Et de le lui offrir. Y a pas plus simple.

Évidemment, ce qui est bon pour les chasseurs, l'est aussi pour les chasseresses. Méfiance ! Il y a des braconniers partout. Parce que le foyer porte bien son nom. Il doit réchauffer. Quand la flamme baisse, sans la bienveillance, il s'éteint. Alors active sans cesse ce soufflet-là ! Il ranime en permanence. Et il évite surtout qu'on aille chercher un peu de soleil dehors.

Et puisqu'on est dans les cas de rupture, j'en profite pour faire une parenthèse au sujet d'une bienveillance mentie que je n'ai pas abordée dans le chapitre précédent. Celle dont un couple doit se méfier absolument. Celle du bon copain, de la meilleure amie. Celle des confidents. Celui ou celle qui commence toujours ses phrases par :

— Je te dis ça pour ton bien.

Les conseillers de l'ombre. Prêteurs d'oreille. Bienveillants officiels agréés par eux-mêmes. Fournisseurs d'épaule de secours. Toujours prêts à une sollicitude, une consolation. Pour moi, des poisons. Des acides qui rongent insidieusement sous couvert de compassion et de soutien indéfectible. Parce que le bonheur à deux des uns accable toujours en sourdine la solitude des autres. Alors, ils sapent, ils érodent. Patiemment. Et quand ils sont arrivés à leur but, ce sont les premiers au chevet de l'amour malade.

Ils consolent :

— Ne t'inquiète pas. Je suis là.

C'est bien ça le problème ! Ils sont là. Alors que s'ils avaient été ailleurs, ce ne serait sans doute pas arrivé.

Alors, à chaque intrusion de ces bienveillants de façade, je te conseille de visualiser une mèche longue. Tu sais, celle que le feu grignote patiemment pour, à la fin, faire exploser la charge. Mets le pied dessus. Écarte-les au plus vite. Et n'oublie jamais cette lapalissade de sauvegarde. Celle que tu dois toujours appliquer pour éloigner les nuisibles :

« Pour qu'un couple dure, on ne doit jamais être plus de deux. »

Je ne parle pas des enfants, bien entendu. Ceux-là, quand on en a, sont essentiels à la bienveillance mutuelle. C'est souvent la même tendresse et les mêmes attentions qu'on a pour eux qui renforcent celle qu'on a pour nous-mêmes. Être bienveillants pour nos mômes nous rapproche indubitablement. Les mêmes inquiétudes, les mêmes bontés, les mêmes indulgences nous collent.

Parfois même, elles nous recollent quand l'enfant supplie :

— S'il vous plaît. Ne vous engueulez pas comme ça !

Alors, on redevient bienveillants pour nous par bienveillance pour eux.

Et puisque j'évoque les enfants, il est temps d'élargir le sujet à la famille. Toute la famille. Frères, sœurs, parents, grands-parents, et enfants donc. La cellule familiale comme on dit. Qui, elle aussi, porte bien son nom. Carcérale. Au sein de laquelle nous sommes tous des codétenus. Enfermés pour le seul crime de sang que ne punit pas la justice : celui d'avoir le même qui coule dans nos veines.

La métaphore pénitentiaire n'était pas qu'une tournure de style. Puisque, comme je te l'ai dit plus haut : « C'est dans les familles qu'on se tue le plus. » C'est aussi le creuset d'une multitude de délinquances moindres. Mais, je ne t'apprends rien, il en découle la majorité de nos soucis quotidiens : fâcheries, culpabilités, rancunes, jalousies, abandons.

— Tu emmènerais ta famille avec toi sur une île déserte ? avais-je demandé à un ami échaudé par mille tracasseries de fratrie.

— Oui. Et un bateau avec le plein pour rentrer tout seul !

Ah, la famille !

Si prompte à se réunir de mariages en baptêmes. À poser pour la photo. Et aussi prompte à renier cette photo à la moindre incompatibilité. Des vengeances de plus ou moins riche. Des rancœurs de petit dernier préféré. Des zizanies de pièces rapportées : beaux-frères, belles-sœurs, amants, maîtresses. Et, bien entendu, le mètre étalon de la discorde : l'héritage.

Pas la peine d'en faire des tonnes, les médias en ont fait récemment bien plus que je pourrais en faire ici. L'illustration parfaite de ce que je viens d'écrire. Des embrassades éplorées sur le parvis de l'église de la Madeleine. *Johnny for ever !* Et juste après, les scuds ! Et même, si tu savais observer, le début des hostilités dans les regards pendant la cérémonie. Ne manquait qu'une chanson au répertoire :

« Les sous, quand ça vous arrive, oh oui, oui ça fait mal ! »

Oh, rien d'exceptionnel ! La copie conforme de ce qui se passe dans une famille ordinaire. Avec, en la circonstance, le papier glacé en guise de papier calque.

Star oblige. Bon, d'accord, les milliards en moins. Mais les héritiers de tous bords n'ont pas besoin de pieds de biche en or pour fracturer les tiroirs. Dans le petit peuple aussi, ça déshérite sévère. Pas à grands coups d'avocat. Juste à la fauche. Un collier et une montre pendant l'extrême-onction, qui va porter plainte ? Il n'y a que l'héritier, le mort, et le curé de dos !

C'est comme ça.

C'est la famille.

J'ai noirci le tableau, bien sûr. Mais c'était que pour que tu y lises mieux la bienveillance que je vais y écrire maintenant à la craie. Comme à l'école maternelle, quand nos mamans nous y lâchaient la main pour la première fois. Comme quand on était chéris, cajolés, aimés. Comme quand on était bien au chaud dans le cocon. Comme quand il ne pouvait rien nous arriver de bien grave. Une égratignure parfois. Mais il y avait le Mercurochrome que mettait Maman. Je connais son odeur par cœur. À moins que ce soit celle de son rouge à ongles.

Dis, tu te souviens, toi aussi, des nœuds qu'elle faisait aux cache-cols ? Des manteaux qu'elle boutonnait ? Tu te souviens des bisous et des histoires d'avant dormir ? Et la petite lampe qu'elle laissait allumée pour la peur du noir ? Tu te souviens des orages sous les draps avec des câlins paratonnerres ? Tu te souviens des petits déjeuners, le matin des dimanches heureux ?

Et puis les frères, les sœurs, les oncles, les tantes. Les généreux qui n'arrivaient jamais les mains vides. Les visiteurs à bonbons. Les Noëls aux sapins Ali Baba et leurs cavernes des cadeaux. Les genoux des grands-mères en chaise douce. La main à la fois rugueuse et délicate du grand-père en promenade. Tu te souviens de nos enfances aimées, câlinées, protégées, « bienveillées » ?

Et après, plus tard, les refuges au premier chagrin d'école. Au premier chagrin d'amour. Les nuits de veille au chevet de nos chagrins de tout. Les téléphones inquiets. Les indulgences pour nos fautes primaires. Les pardons pour nos certitudes insolentes. Et les dernières recommandations avant le voyage tout seul chez les grands. Comme un grand, ou presque.

Et puis, on s'est éparpillés. On s'est perdus parfois. Mais si on avait appris à conserver nos bienveillances intactes, on savait qu'il y avait un toit quelque part. Un gîte. Une maison d'hôtes, quand on n'avait plus de maisons d'autres. Un garage pour âmes fragiles, en cas de panne. Et on y retrouvait la même table, le même socle. Et on se posait. Au chaud. Dans nos foyers.

Quels que soient les aléas de la vie, notre ange gardien sur terre, c'est le retour à la case départ. Parce que, où qu'on arrive, on ne peut être plus en sécurité que d'où on vient. C'est pour tout cela qu'il faut l'entretenir chaque jour, cette bienveillance familiale. Assister, pardonner, comprendre, accepter, accompagner quelque membre que ce soit de notre cellule. Nos si chers codétenus.

Ok ! Je sais. J'ai vogué au fil des mots, emporté par mon élan de plume. J'ai dû même dériver un peu. Alors, je vais te le faire plus simple. Direct. Populaire. Un peu gouaille. Comme j'aime, entre potes.

Pour moi, la famille c'est sacré. En cas de galère, c'est là que tu peux le mieux te refaire. Toute ta vie tu vas croiser des contagieux de l'emmerdement. En cas de maladie des autres, tes vieux, tes frangins, tes frangines, tes mômes, c'est ta complémentaire. Ta mutuelle. Alors, ménage-les ! Donne leur de l'attention, de la prévenance, du beau geste. Dehors, c'est plein de tricheurs. Au bonneteau des faux-culs, tu peux pas gagner. À la maison, c'est du sincère. Et t'as les plus belles cartes en mains. Alors, au jeu des familles, fais pas l'impasse ! Joue cœur !

Je me doute que ce que je viens d'écrire ne doit pas recevoir l'aval de tous. Loin de là. Avec des arguments tous plus recevables les uns que les autres.

En tête de liste, le principal, qu'a mis Renaud en musique :

— On choisit ses copains mais jamais sa famille.

Au nom de ça, j'en connais qui vouent une indifférence, au mieux, ou une haine féroce, au pire, à la « cellule ». Trop heureux d'avoir créé ailleurs une autre famille. Celle des amis. Mais souvent, une autre prison aussi. Parce que même si les barreaux sont différents, ça reste une cage. Avec les mêmes jalousies de perchoir que dans une famille de sang. Les mêmes hypocrisies. Les mêmes abandons. Parfois la même solitude malgré le nombre.

Juste une illustration rapide.

Une phrase de Coluche, encore. Pas dans un sketch. En privé, à mon oreille. Un soir où je l'avais ramené chez lui, après l'avoir applaudi au Gymnase. La maison de la rue Gazan était pleine de potes. Des vrais. Des faux. Des sédentaires. Des occasionnels. Des filles bien. Des filles chères. Et puis, partout, des bouteilles, de la nourriture, de la came à disposition. Cadeau de la maison Colucci ! Au sous-sol, piscine, baby-foot, flipper, télé. Salle de jeux et de « je ». D'égos inégaux si flattés de faire partie de la cour.

J'ai contemplé cette bienveillance de bande sans réelle envie d'en profiter à mon tour. Juste un café avant de partir. Au moment de passer la porte, je n'ai pas pu m'empêcher de lui dire :

— Moi, je ne pourrais pas. Tout ce monde. En plus, je ne suis pas certain qu'ils méritent tous ta générosité.

Sa réponse m'a bouleversé. J'ai lu dans ses yeux comme une résignation. Mais, il me l'a quand même dite en souriant :

— J'ai pas d'amis, alors, j'me les paye !

Alors, je peux comprendre que certains veuillent changer de famille. Pour s'en fabriquer une autre. À n'importe quel prix. Pour ne pas être dans l'obligation de s'acquitter de « l'impôt du sang » auprès de parents, frères, sœurs ou enfants qu'ils n'aiment plus trop. Et qui le leur rendent bien.

C'est légitime. Mais faut-il lâcher la proie pour l'ombre ?

Ou plutôt le contraire : faut-il quitter l'ombre protectrice des branches de l'arbre généalogique pour devenir la proie du tout-venant ? La famille « légale » est-elle plus bienveillante que celle des amis ? Que l'on abandonne l'une pour l'autre, où qu'on les fasse cohabiter, quelle est la plus sincère ?

Je ne me lancerai pas dans un comparatif. Ce serait trop long et trop fastidieux. Je dirai juste que la famille des amis est essentielle, bien sûr. La mienne est remplie de généreux, de fidèles, de sincères, de dévoués. Autant que dans ma famille de sang. La complémentarité m'enchante. Mais la substitution me désolerait. J'écris cela juste pour ceux qui sacrifient les historiques aux nouveaux venus. Ceux qui n'ont pas la reconnaissance du ventre. Celui d'où ils viennent.

J'écris surtout cela pour ceux qui oublient de donner des nouvelles. Ceux que j'ai vus renier père ou mère sur les conseils d'une pièce rapportée. Une femme, un mari, ou un ami justement. Ceux qui laissent crever leurs anciens dans des mouroirs sans même une visite.

Ceux qui ont oublié les nuits de veille auprès de leur berceau. Les heures de travail pour assurer les repas. Les heures supplémentaires pour offrir des vacances. Et qui pendant les leurs ne se fendent même pas d'une carte postale.

« La moindre des reconnaissances pour ceux qui nous ont donné la vie est de ne pas gâcher la leur. »

Alors, oui ! Pour cette raison au moins, la famille, pour moi, c'est sacré.

La bienveillance familiale a toujours été mon ultime recours à chaque revers, chaque claque, chaque échec, chaque deuil. Cette solidarité ne s'improvise pas. Elle se fabrique et s'entretient. Elle ne peut pas se disloquer au moindre état d'âme.

C'est la devise de mon blason :

« On est comme on naît. Et on va toujours d'où on vient. »

Chez nous, on est toujours là l'un pour l'autre. Pour le meilleur et surtout pour le pire. Il peut y avoir du tangage, du roulis, des dérives. En cas de grosse tempête, on sait que tout le monde sera sur le pont. On sait qu'on ne laissera personne se noyer sans se jeter tous à l'eau pour essayer de le sauver. Maman était le capitaine du bateau. En partant, elle m'a laissé la barre. Avec les consignes de navigation :

— Ne laisse jamais tomber ceux de ton sang. Protège-les. Pardonne-leur tout. Même, s'il le faut, au-delà du pardonnable. C'est une question d'honneur. La vie te reprendra ce qu'elle t'a offert: la jeunesse, la santé. Elle pourra même te reprendre ton confort et surtout tes illusions. S'il ne doit te rester qu'une seule richesse, ce sera ta famille. Je t'autorise à t'en éloigner de temps en temps. Je t'interdis de l'abandonner.

Voilà pour la bienveillance familiale.

Comme pour le reste, je ne te demande pas de cautionner ce que j'ai écrit. Je t'incite juste à picorer çà et là quelques graines. À te nourrir, ne serait-ce que d'un mot, d'une phrase pour améliorer ton mieux-vivre. Et, bien entendu, je t'encourage à semer à ton tour. À la volée. À pousser, chaque fois que tu en as l'occasion celui que tu croises à plus d'altruisme familial.

Encore de l'angélisme. Encore du Bisounours, je sais. Sermon d'idéaliste éthéré. Rengaine de naïf. Mais le monde qui nous entoure me sidère tant par son égoïsme et sa dérive agressive que je ne peux pas m'en empêcher. Avec la conscience de l'insignifiance de ce que j'écris. Mais, bon. Je sais que même si ce n'est que dans la conscience de quelques-uns seulement, ces lignes peuvent déclencher un sursaut. Un sursis à nos condamnations à vivre parfois tristes et désabusés.

Alors, tant pis pour l'utopie !

Et si nous ne pouvons pas sauver la planète, au moins sauvons les meubles !

Les chaises.

Où l'on s'assoit pour partager les valeurs familiales. Sur une terrasse. Autour d'un feu. D'une table de jeux. Entre bienveillants.

Les tables.

Riches et avinées, en dépit des préventions sanitaires. Pour la santé de l'âme. Pour les apéritifs d'avant et les chansons d'après. Et les réconforts. Surtout les réconforts.

Les bureaux.

Sur lesquels on pose nos écritoires. Pour rédiger des lettres à ceux de notre sang qu'on aime et qui nous manquent.

Les lits.

Aux oreillers pour deux. Pas pour l'amour à faire. Pour l'amour à dire. La tendresse. Cachés du monde, au creux d'épaules de frères, de sœurs. Confidents et consolants. Rassurants.

Les armoires.

Pour y accrocher sur des cintres nos beaux costumes de dehors. Nos panoplies d'orgueilleux. Et en sortir nos tenues froissées du matin. Celles des petits-déjeuners aux tartines beurrées par nos grands-mères.

Les fauteuils.

Ceux des grands-pères fatigués, mais résistants. Capables d'avoir un enfant turbulent posé sur chaque rotule. Sans se plaindre d'arthrose.

Les fauteuils, encore.

Devant la télé. Mais éteinte. Parce qu'on a décidé que, ce soir, on se parlait.

Les bibliothèques.

Pour y ranger Dard, Confucius, Kundera, Voltaire, Rabelais, Montaigne. Que des bienveillants. Pour nous rappeler ce qu'il faut tenter de redevenir quand on l'a oublié.

Et, pour moi, le petit banc de bois rouge.

Celui où je viens me poser au cœur de mon antre. Seul. Parce que, hélas !, ni père, ni mère ne viendront s'y asseoir près de moi comme avant. Emportés par leur âge et poussés par le mien. C'est à ce vide-là que se mesure la place qu'ils prenaient.

Alors, je citerai encore du Dard, évidemment. La sentence bienveillante qui va si bien à nos essentiels envolés :

« Si j'avais su que je les aimais autant, je les aurais aimés davantage. »

Seul, donc.

Sur mon petit banc de bois rouge.

L'enchaînement idéal pour glisser vers le chapitre suivant.

Vers la bienveillance la plus personnelle.

Seul.

Dans un silence absolu. Loin des scies circulaires, des ramasse-feuilles, des ponceuses, des marteaux-piqueurs. Au propre comme au figuré. Hors de portée des casseurs, des élagueurs, des nettoyeurs, des démolisseurs.

Seul.

Donc, en bonne compagnie.

Parce que je pense que les lieux où on trouve le plus de bienveillance sont effectivement ceux où on est seul. Par définition. Puisque personne ne peut venir troubler notre quiétude par quelque malveillance que ce soit. C'est surtout là qu'on peut étalonner une bienveillance essentielle, celle pour soi-même. Parce que c'est une règle indiscutable :

«Nous ne serons vraiment bienveillants pour les autres que si nous le sommes d'abord pour nous-mêmes.»

Le défaut majeur de tout malveillant est d'abord de l'être avec lui-même. Les méchants sont toujours des victimes avant d'être des coupables. Victimes de leur mal-être, de leurs aigreurs, de leurs manques, de leurs culpabilités. S'ils savaient d'abord se faire du bien, ils ne feraient pas de mal aux autres. Bisounours encore? Certainement pas. Regarde autour de toi. La plupart de ceux qui te pourrissent la vie ne sont jamais bien dans la leur.

L'automobiliste pressé. La voisine acariâtre. Le chef de service autoritaire. Le jaloux. La mesquine. L'agressif. La suffisante. Tous ont des comptes à régler avec eux avant de les régler avec toi. Des comptes d'égo, d'orgueil, de slip, de string, de corps, de cœur. Cent frustrations qui les poussent à faire payer aux autres la note qu'ils n'ont pas su régler pour eux-mêmes. Ce sont tous des ombrageux, des grises mines au regard acéré. Même quand ils sourient tu devines qu'ils souffrent dedans.

À l'inverse, vois les bienveillants. Qu'ils soient excentriques ou posés, ils rayonnent. Tu peux les repérer à vingt mètres. Leur visage est étonnamment lisse. Même ridé. C'est leur bien-être intérieur qui les polit. Ils sont en paix avec eux-mêmes, pourquoi veux-tu qu'ils te fassent la guerre? Et puis ce regard doux. Miroir de l'âme, dit-on. Même quand ils ne sourient pas, tu devines qu'ils ne souffrent pas dedans.

C'est cette bienveillance pour soi-même qui sera le sujet du prochain chapitre.

Bienfaitrice. Apaisante.

« L'auto » bienveillance, donc.

Alors, viens près de moi sur le siège passager.

Je vais te faire un bout de conduite.

CHAPITRE 6

La bienveillance pour soi-même, c'est de la déco d'intérieur.

Nettoyer, agencer, meubler, redisposer.

Agrémenter son en-soi de petites touches, parfois imperceptibles, pour le rendre plus agréable à vivre. Un travail quotidien d'aménagement. De finitions. Faire des travaux d'amnésie pour se débarrasser des souvenirs usés. Ceux qui détonnent. Les erreurs du passé. Les culpabilités qui encombrent. Se fabriquer un grenier dans l'arrièreconscience. Pour y entasser nos fausses routes, nos deuils, nos échecs, nos hontes les plus intimes. Mettre des moquettes épaisses pour amortir le son de nos faux pas.

Insonoriser.

Pour s'isoler des bruits qui courent. Pour se boucher les oreilles aux jugements qui blessent. Pour ne pas être pollué par le vacarme des infos en boucle. Par les on-dit de la rue. Pour rester sourd aux sirènes du profit à n'importe quel prix. À tous les appels malveillants du dehors.

Soigner l'éclairage.

Doux pour les amours. Vif pour les ambitions. Ajuster les variateurs. Au gré de l'humeur du jour. Avec une règle quand même. Atténuer l'éclat des vanités qui nous aveuglent. Et rehausser d'un coup de spot optimiste chaque baisse de moral. Et, bien sûr, humanisme oblige, ouvrir de grandes baies vitrées pour profiter du soleil des autres. Plein sud. Et puis, au cas où tu disjonctes, où tu pètes les plombs comme on dit couramment, avoir toujours une lampe de poche à portée. Pour la lueur de lucidité qui va calmer tes emportements.

Installer des alarmes.

Des caméras de surveillance pour se prévenir des intrus. Ceux qui viendraient cambrioler une part de toi. Les monte-en-l'air braqueurs de tes coffres faibles. Les profiteurs. Les envahissants. Les voleurs de tout.

Repeindre.

En bleu, en rose les murs ternes. Pour « dégrisailler » le spleen. Ne pas laisser le papier peint s'effilocher. Changer de vision, de certitudes, de vie s'il le faut avant que tout se délabre.

Et, pour finir, surtout, ne jamais démolir sa chambre d'enfant.

La garder intacte. Avec les peluches, les joujoux, les couettes Disney. Même le petit tourniquet ridicule au-dessus du lit avec la musique obsédante. La bienveillance pour soi, c'est d'abord de rester soi. Le meilleur moyen de ne pas se perdre en route est de redevenir ce qu'on a été dès le premier jour.

Après ce festival de métaphores, jouissives à écrire certes, mais peut-être un peu pesantes pour certains, j'en conviens, je vais revenir à du concret.

— Valérie Damidot, sors de ce corps !

Je vais donc tenter, dans ce chapitre, de te donner quelques conseils pratiques pour t'aider tout simplement à te faire du bien. Ou, au moins, éviter de te faire du mal.

En introduction de mon premier conseil de bienveillance pour soi-même, je vais quand même revenir une dernière fois à la décoration d'intérieur. La vraie. Juste pour situer le lieu de l'action de ce qui va suivre.

Une chambre à coucher. Design haut de gamme. Hôtel de luxe. Harmonie parfaite. Rien à toucher. Ça, c'est pour le cadre. En revanche, pour les deux personnes qui se trouvent dans cette chambre, beaucoup de travail.

Surtout pour l'homme. Rajeunir, rénover, c'est tentant. Mais parfois très onéreux.

« Avant d'entamer les travaux de couple, on devrait demander le devis du divorce ! »

Écoutons-le raconter :

Je lui avais offert, successivement, mon épaule, un verre, et de la raccompagner chez elle. Mais pas dans cet ordre-là. Le verre d'abord. La raccompagner ensuite. Et, à présent, sa tête reposait sur mon épaule. Nous venions de faire l'amour pour la première fois. Auparavant, je lui avais posé cent questions. Sur ses origines, son métier, ses passions.

J'en avais juste oublié une. Que j'aurais dû lui poser en premier. Ou, mieux encore, ne pas la poser du tout. Me contenter simplement de constater la différence d'âge. L'écart. De ses cheveux blonds à mes cheveux blancs. De son cou lisse à mon ventre plissé. De sa peau d'albâtre à mon vieux cuir. Des années qui l'attendaient au peu qu'il me restait. J'aurais surtout dû, en priorité, faire taire ma vanité de mâle conquérant. Celle qui efface à grands coups de fierté la moindre trace de méfiance.

Je lui ai demandé :

— Tu as quel âge ?

— Vingt-deux. Et toi ?

— Cinquante-huit.

— Tu ne les fais pas.

— C'est parce que je les ai pas sur moi. Je les ai laissés dans la salle de bains !

Elle a ri. C'était bon signe, puisqu'on dit qu'une femme qui rit est à moitié dans son lit. En l'occurrence, l'autre moitié y était aussi. Alors, à moitié épuisés et à moitié rassasiés, nous avons passé la moitié de la nuit qui restait à dormir l'un contre l'autre. Finalement, notre histoire n'a été qu'une question de moitié. Puisque, à peine six mois plus tard, elle est devenue la mienne. Et qu'aujourd'hui, elle vient de partir avec la moitié de ma fortune. Avec quand même une entorse à cette règle : « Ce n'est pas la moitié d'une salope ! »

— Qu'est-ce que tu penses du début ? me demande-t-il en refermant le manuscrit dont il vient de me lire les premières lignes.

— Pas mal ! J'ai bien aimé « l'autre moitié dans le lit ». J'aurais pu l'écrire.

— C'est normal. J'ai lu tous tes bouquins. Ça m'a forcément influencé. Surtout un dans lequel tu disais qu'écrire est le meilleur des exutoires.

— C'est vrai. Et ça t'a fait du bien ?

— Un peu. Pas encore assez. Mais par rapport à ce que j'ai dérouillé, c'est déjà ça.

— Ça va s'appeler comment ?

— *Méfiez-vous des imitations !*

Normal, il est imitateur.

Enfin, imitateur amateur. Passionné surtout. Assez doué d'ailleurs. Mais pas assez pour en faire un métier. Juste un passe-temps. C'est grâce à ça que nous sommes devenus amis, il y a plus de vingt ans, à la suite d'un spectacle privé pour son entreprise. Une très grosse entreprise. Autant dire que l'homme est « blindé », comme on dit. Mais aussi solide en chiffre d'affaires qu'il peut être fragile côté cœur. C'est d'ailleurs ça qui nous a rapprochés.

Les fortunés ne m'ont jamais impressionné. Je ne fais pas partie des lécheurs de chaussures de luxe. Mais dès que je repère un tout-puissant avec des faiblesses de midinette, je m'attache. Comme ça, pour rien. Au feeling. Au flash. Tu sais, le croisement de regards dont je te parlais au début. Alors j'ai fait ami-ami. Confident même, au fil du temps.

C'est pour cela qu'il avait insisté pour me lire les premières pages de son autobiographie. À vrai dire, elle tenait plus du règlement de comptes que d'un recueil de souvenirs. L'occasion de se venger de celle qui lui avait offert généreusement quelques mois de sexe à tout-va et un enfant. En avance sur recette d'une pension astronomique.

Quelques mois pendant lesquels, nous, ses amis, savions bien que cette mésalliance ne durerait que le temps, pour la jeune fille, de se faire faire un « otage » et de toucher la rançon. Ce qui est arrivé exactement comme nous l'avions prévu. Un peu plus tôt même. Elle est partie au bout de deux mois de grossesse seulement. Ce qu'on a appelé entre nous « un amour de volière ». Elle, pie voleuse. Et lui, pigeon bagué.

Et là, retour au dilemme de bienveillance que j'évoquais dans un autre chapitre. Puisque dès le début nous étions convaincus de l'issue, fallait-il alerter ou pas ? Intervenir ou laisser faire ? On a quand même tenté quelques timides approches pour lui ouvrir les yeux. À chaque fois, il nous a renvoyés dans les cordes. Avec, en la circonstance, l'argument incontournable de ceux qui ne veulent pas voir :

— Vous dites ça parce que vous aimeriez bien être à ma place ! En fait, vous êtes jaloux. Ce qui vous emmerde, c'est pas qu'elle soit beaucoup plus jeune que moi. C'est qu'elle soit aussi beaucoup plus jeune que vous, mais que ce soit moi qu'elle aime.

On n'a pas insisté. Avec l'excuse toute trouvée pour nos consciences d'amis indéfectibles :

— De toute façon, il va bien finir par s'en apercevoir. Elle n'est là que pour le plumer. Ça crève les yeux !

Effectivement, ça se voyait comme le nez refait de la jeune fille au milieu de sa figure. Aux frais de notre ami, évidemment. Le comble aurait été qu'elle le quitte pour le chirurgien esthétique. Puisqu'il lui avait aussi refait les seins et la bouche. Ça aurait été le coup parfait : faire payer les travaux au propriétaire et lui voler sa maison ! Ce ne fut pas lui. Mais un médecin quand même. Un ORL. Pas étonnant. Tout le monde sait que l'ORL est à l'écoute. Et comme je suis généreux, je peux t'offrir un deuxième jeu de mots pourri pour le prix d'un : tout le monde sait aussi, et surtout les amateurs de vieux films muets en noir et blanc, que l'ORL est hardi !

Ces deux jeux de mots vaseux étaient aussi dans son manuscrit.

J'ai conseillé :

— Tu peux les virer, ceux-là !

— Ok. T'as raison, c'est pas top. Mais j'ai mis beaucoup d'humour parce que ce qu'elle m'a fait, c'est tellement dégueulasse que je préfère en rire.

Sauf que deux minutes plus tard, il en pleurait sur mon épaule. Détruit. Son livre était un exutoire, bien sûr. Mais il souffrait encore beaucoup. Terriblement. Dévoré de rancune. Me rabâchant la perfidie de son ex. Son faux amour. Ses fausses caresses. Le mensonge prémédité d'un oubli de pilule qui avait fait passer sa grossesse pour un accident.

Alors, je l'ai joué médical. Chirurgical. C'était raccord.

— Elle n'a pas grand-chose à se reprocher. Elle a fait ce qu'elle avait prévu. C'est pas elle qui était à côté de la plaque, c'est toi. C'est pas de sa faute, c'est de la tienne !

Il a sursauté :

— Quoi !

— Laisse-moi parler. Tu m'engueuleras après si tu veux. Tu pourras même me casser la gueule, je me laisserai faire. Je suis ton ami ou pas ?

— Oui, a-t-il dit en s'affaissant.

— Alors écoute-moi. Et réponds d'abord à ma question : est-ce que tu as été suffisamment bienveillant avec elle ?

— Oh oui ! Plus que ça. Pendant deux ans, j'ai tout fait pour elle. Elle passait avant tout. Mon boulot, mes amis.

– Je te le confirme. Mais dans tes bienveillances, tu as oublié la principale : la bienveillance pour toi-même.

Et j'ai parlé longtemps. Du mal qu'il s'était fait en croyant se faire du bien. Parce que la première bienveillance pour lui-même aurait été, dès le début, de ne pas pérenniser cette alliance. De s'amuser un peu. Mais pas plus. D'anticiper. Parce qu'il allait souffrir, c'était affiché. Parce que, même s'il y a de minimes exceptions, un mec de presque soixante ans qui se marie avec une môme de vingt-deux, c'est contre nature. Ça passe sur un flash, une amusette, une sucrerie.

Comme me conseillait récemment un copain qui voyait mon regard s'attarder sur les formes pures d'une bimbo d'une sensualité brûlante :

– Faut pas essayer de croquer tout le paquet de bonbons quand on n'a plus les dents !

Ou, comme disait ma grand-mère, quand elle voyait passer une jeunette au bras d'un vieillissant :

– On ne fait pas une omelette avec les œufs du jour et ceux de l'année dernière !

Pour être bienveillant avec soi-même, il faut de la lucidité. Du recul sur toute chose. De la prudence. Si on ne veut pas s'éclater la tête sur le carrelage, il ne faut pas plonger dans la piscine sans avoir évalué la profondeur de l'eau. En l'occurrence, pour mon ami, il ne fallait pas plonger dans cet amour-là sans avoir parfaitement évalué la profondeur des sentiments.

La bienveillance pour soi, c'est d'abord l'anticipation.

Même si je sais bien que la vie, ce n'est pas la météo. Pleuvra ? Pleuvra pas ? Pleurera ? Pleurera pas ? Rira ? Rira pas ? Il n'y a pas de prévisions vraiment fiables. Mais, il y a quand même des précautions élémentaires. Tu sais, comme quand on se mouille le doigt pour savoir d'où vient le vent.

Je n'ai pas eu le courage d'alerter mon ami de la tempête qu'il était le seul à ne pas voir arriver. Alors, pour me rattraper, aujourd'hui encore, je fais parapluie. Paratonnerre. Et puis, sèche-cheveux, sèche-larmes. Pour anticiper aussi un éventuel geste de désespoir fatal. Pour le convaincre que la vie est belle quand même. Et aussi, en secret, juste de toi à moi, pour effacer mon éventuelle culpabilité de ne pas l'avoir suffisamment dissuadé, si jamais il en venait à commettre l'irréparable. Pour la tranquillité de ma conscience. Pour ma bienveillance personnelle.

J'anticipe. En généreux et en égoïste. D'une pierre deux coups.

Encore et toujours le paradoxe.

Donc, je répète. Premier conseil de bienveillance pour soi-même :

Anticiper.

S'appliquer à visualiser les échecs potentiels dans toute entreprise. Qu'elle soit professionnelle ou intime. Pour mon ami « blindé », c'était la fille qui n'était pas faite pour lui. Pour toi, c'est peut-être une compagne, un compagnon. Mais aussi un mode de vie, un métier, un loisir, un engagement, un quartier, une ville, qui ne sont pas faits pour toi.

Ça peut être aussi une barre sociale trop haute à passer. Une ambition irréalisable. Un podium inaccessible. Ou, plus ordinairement, une soirée où tu sais que tu vas t'ennuyer. Un achat qui te fera dépenser en juin l'argent de juillet. Une amitié dont tu sais dès le début qu'elle est plus intéressée que sincère. Etc.

Anticiper, c'est envisager la fausse route et renoncer au voyage. C'est prévoir l'incapacité, la défaite. C'est évaluer avec précision la trajectoire du boomerang pour éviter de le prendre derrière la tête. C'est se priver d'un mieux, juste dans la perspective d'éviter le pire. C'est, tout simplement, envisager de se faire du bien, en réduisant au maximum les chances de se faire du mal.

Une évidence. Presque une lapalissade encore.

Le sceptique m'apostrophe :

— Alors, à ce compte-là, si on doit se méfier de tout, on ne fait plus rien ?

— Bien sûr que si ! Mais, quand on n'est pas sûr de nager suffisamment bien pour résister au courant, la meilleure façon d'éviter de se noyer reste quand même de ne pas aller dans l'eau !

Il ne s'agit pas de renoncer à nos rêves.

Il s'agit juste d'éviter qu'ils deviennent des cauchemars.

Mon deuxième conseil de bienveillance pour soi-même, c'est :

Fuir.

Quand, justement, on n'a pas su anticiper, et qu'on se retrouve piégé.

Une petite parenthèse rapide quand même, avant de développer ce deuxième conseil. Pour faire taire, éventuellement, quelques féministes à l'affût du moindre dérapage sexiste. Celles qui se seraient offusquées de la description sans indulgence que j'ai faite précédemment de l'ex-femme de mon ami, l'imitateur amateur. Et pigeon professionnel.

Les déboires qu'il a subis ne sont pas réservés qu'aux mâles dévorés par le démon de midi et demi. Ces gros nounours naïfs que les chasseresses appâtent au miel de leur peau. Et ce, dans l'unique but de les dépouiller de leurs fourrures pour les mettre sur leur dos à elles. Il y a aussi des « couguars » fripées qui ont payé cher la séance de repassage. Flouées par des princes charmants plus adeptes du compte courant que du conte de fées.

En perversité comptable, le gigolo avide vaut largement la midinette intéressée !

Fin de la parenthèse justificative pour éviter le bûcher médiatique.

Sale temps pour les intrépides des mots !

Une illustration, entre autres, de mon conseil numéro deux de la bienveillance pour soi-même : éteindre la braise avant qu'un malveillant l'attise.

Fuir, donc.

Et là, je vais surtout te parler de moi. Parce que je suis un fuyard professionnel. Un « détaleur ». Un « éviteur de prise de tête » de haute tenue. Le roi du repli stratégique. Pour finir sur une métaphore cycliste, puisqu'au moment où j'écris, le Tour de France démarre :

— Je suis le champion de l'abandon en pleine ascension, si peu qu'on me suce la roue d'un peu trop près !

Je me suis fait une règle de vie de ce décrochage. En tout. En claironnant autour de moi ma devise d'autobienveillance :

« Il faut s'arrêter quand les emmerdements dépassent le plaisir. »

Je l'ai appliquée à toutes mes activités. Qu'elles soient professionnelles ou de loisir. Du nécessaire au superflu. Travail, sport, alcool, jeu, amours, amitiés. Chaque fois que la balance a penché du mauvais côté, je me suis échappé.

Fuir.

Les multiples chagrins d'amour m'ont fait quitter pour toujours le monde des énamourés transis. L'auto-bienveillance m'a intimé l'ordre de ne plus jamais me dégrader. De ne plus prendre le risque de ramper, pitoyable, aux pieds d'une indifférente en partance. De ne plus supplier, pleurer, maudire. Et tant pis pour le grand frisson. J'aime encore, bien sûr. Mais raisonnablement. Pas du fond du cœur. Du bord seulement. Sans possession, sans jalousie, les venins du couple. Sans les scènes de ménages. Sans les scènes de manèges. Quand l'autre veut faire un tour gratuit. Sans le risque de ces bagarres qui n'en finissent pas.

J'aime, en fait, comme on devrait tous aimer. Pour le bonheur de l'autre, même au-delà de soi. Sans appartenance mutuelle. Sans cet élan romanesque si jouissif, certes. Mais avec tellement plus de sérénité pour l'un et l'autre.

Et qui sait si ce n'est pas ça, justement, l'amour absolu ?

Fuir.

Comme j'ai fui l'alcool, le jeu. Ces vices dont j'ai beaucoup parlé dans les livres précédents. Pas besoin de redites. Le constat est on ne peut plus clair. Quand j'étais saoul, je l'étais trop. Alors j'ai mis de l'eau dans mon eau. J'ai écarté le vin. Pareil pour le jeu. Je n'y perdais pas que de l'argent. J'y perdais mon âme.

Alors, j'ai fui.

Mais comme pour l'amour, je n'ai pas totalement déserté. Il m'arrive de boire un verre de bon vin de temps en temps. Pas plus. Pour le goût. Plus jamais pour l'ivresse. Il m'arrive aussi de pousser quelques jetons sur le tapis vert. Des petits. Une fois par an maximum. Pour la détente. Pas pour l'adrénaline. Je ne regrette pas une seconde mes folies d'avant. Mes nuits extrêmes. Mais qu'est-ce que ça me fait du bien de ne plus me faire de mal ! Et je dédie l'aphorisme qui va suivre à tous mes frères de débauche. Au nom de cette bienveillance pour eux-mêmes qui reste le seul remède à toute addiction destructrice.

« Vive les excès… mais pas trop ! »

Fuir.

C'est aussi partir vraiment.

Faire ses valises.

Et là, je ne parle pas seulement d'amour passion, de flambe, ou d'éthylisme à haute dose. De lutte sans merci contre des dragons. Je parle de banalité quotidienne. De vrais voyages. Je parle de ceux qui, du jour au lendemain, prennent une voiture, un train, un avion. Pour abandonner définitivement ce qui étouffe leur vie. Une routine soporifique. Ou, au contraire, un train d'enfer. Cela peut aussi être un lieu, une solitude, un climat, un voisinage, une overdose de bruit, de stress.

Le phénomène prend de plus en plus d'ampleur. Cette fuite est la marque d'un mouvement de société qui progresse de jour en jour. C'est assez récent. Depuis deux ou trois ans, je croise de plus en plus de ces « fuyards ». Observe bien autour de toi. Ils se multiplient à une vitesse étonnante. Les fatigués du toujours plus. Revenus de toutes les illusions matérialistes. Lucides enfin. Avec le même cri de guerre :

— Ras le bol ! À partir de maintenant, je profite !

Par exemple, ils sont de plus en plus nombreux à quitter Paris. Pour le soleil, la campagne, la montagne. Qui est si belle, pourtant ! Ferrat serait heureux. D'autres quittent même carrément la France. Mais ce phénomène dépasse la simple migration géographique. Ils ne veulent pas seulement quitter une ville. Ils veulent aussi quitter une vie.

Fuir.

Jérôme s'est installé en face de moi à la terrasse du restaurant à la mode d'une rue du huitième arrondissement de Paris. Les traits tirés. Glabre et pressé. Il a gobé six huîtres au prix de la bourriche. Entre la première et la sixième, son téléphone a sonné trois fois. Au café à douze euros, il en était déjà à huit SMS reçus et quatre envoyés. Débordé. Surbooké. À ne même plus parler sa langue natale. J'ai pris des *words* en rafale : break, débrif, streaming, brunch, stock exchange, planning, brainstorming, cash, clash, discount, holding, management, middle man.

Pas très occitan, le parler de ce Toulousain de souche !

J'ai demandé, ironique :

— Oh, putain, con ! T'as une tronche de « break down » ! Tu nous couverais pas un « burn-out » ?

J'ai cru déceler une grimace. C'était un sourire amical.

— Te fous pas de moi ! Et surtout, te fatigue pas, je sais ce que tu vas me dire. Que je bosse trop. Que je flingue ma vie à courir pour avoir plus, encore plus et toujours plus. Que je vois Véro et les gosses qu'une heure par jour. Que d'accord, je fais de la grosse thune, mais que le jeu n'en vaut pas la chandelle.

— C'est ça.

— Eh bien, je vais te faire plaisir. En juin, j'arrête tout et on se casse tous les quatre. Je repars habiter à côté de Colomiers.

— Et tu vas faire quoi ?

— Aucune idée. Je ne sais pas encore ce que je veux. Mais je sais ce que je ne veux plus !

C'est exactement ça, cette composante de la bienveillance pour soi-même que je te recommande fortement : savoir ce qu'on ne veut plus. Et à partir de là, plier les gaules, comme disent mes potes pêcheurs.

Ciao ! Basta cosi !

Et si tu préfères le chinois à l'italien, je te cite Confucius. Mais traduit en français quand même :

« Nous avons tous deux vies et la deuxième commence le jour où on s'aperçoit qu'on en a qu'une. »

La citation est connue. Celle-là, toujours de Confucius, l'est moins :

« La vraie faute est celle qu'on ne corrige pas. »

Ne pas s'entêter dans une erreur de parcours. Ne pas s'acharner à rester alors que tout nous pousse à partir. Ta vie ne te plaît plus ? Alors tire-toi ! Barre-toi ! Dégage !

Quand ton bonheur se recroqueville, se sclérose, se rétrécit, mets les voiles !

Quitte l'étroit !

Et prends le large !

Maman me coupe :

— Elles sont jolies tes métaphores, mais permets-moi de te ramener à la réalité. Il y en a qui n'ont pas le choix, mon petit. Alors, avant de penser à la bienveillance pour soi-même, comme tu dis, il faut manger d'abord. Il faut nourrir les gosses. Alors fuir, d'accord, mais pour aller où ? Et vivre de quoi ?

— Quand on veut, on peut !

— Désolée, mais tu dis des bêtises.

— Je ne crois pas. Quand on en a marre, on peut très bien tout lâcher et recommencer ailleurs. Même en faisant des sacrifices sur sa paie. L'argent ne fait pas tout.

— Tu dis ça parce que tu en as !

— J'en ai pas toujours eu, et tu es la mieux placée pour le savoir.

— Justement. Et si tu le permets, moi aussi j'ai une citation. Elle n'est pas de Confucius, elle est de moi :

« Pour choisir d'être moins riche, il faut en avoir les moyens ! »

Elle a raison Maman.

Je dis des bêtises. Je me suis un peu laissé emporter par mon idéalisme de Bisounours. C'est vrai qu'il y en a qui n'ont pas le choix. Pas sûr de trouver du travail ailleurs. Et puis déraciner les gosses. Et la peur de l'inconnu, bien sûr. C'est humain. C'est primaire. Même les préhistoriques avaient du mal à quitter leur grotte. Alors, je module. Reste, si tu ne peux vraiment pas faire autrement. Et dans ce cas, fais l'impasse sur mon deuxième conseil de bienveillance pour soi, et passe directement au troisième :

Relativiser.

C'est Zef, le bouif, qui m'a appris à relativiser. Un cordonnier de mon enfance. Les après-midis trop chauds, on allait se nicher au frais dans son échoppe sombre. On le regardait ressemeler d'un bras. L'autre était coupé. Il était toujours gai.

Il nous disait, en montrant son moignon, sourire aux lèvres :

— Vous vous rendez compte, les mômes, heureusement qu'il m'en reste un, sinon je serais obligé de planter les clous avec la tête !

Comme sa petite boutique était à deux pas de la place de l'église, la nuit, je faisais des cauchemars de « cordonnerie mystique ». Je voyais Zef en croix, avec un seul bras fixé bien sûr. Comme sur le vitrail derrière l'autel. Une couronne de clous autour du front. Christique. Va savoir si ce n'est pas cette association d'images qui a forgé ma propension à toujours étalonner mes malheurs à ceux des autres ?

— Perdre un enfant est le pire des drames, me dit-on souvent avec affliction.

Je réponds, invariablement avec le sourire :

— Non. Il y a encore pire. J'aurais pu en perdre deux.

Relativiser.

De toute façon, on ne peut rien contre l'irréversible. Alors, à quoi bon se ronger ? Se mutiler un peu plus. Retourner le couteau dans la plaie, comme on dit. C'est le meilleur moyen pour qu'elle ne se referme pas. C'est pourquoi, à chaque fois que j'ai un ressac de douleur, j'imprime tout de suite la santé de mes autres enfants. En me disant que finalement, j'ai de la chance que ceux-là se portent bien.

Relativiser.

Dans les cas moins extrêmes de contrariétés diverses, je m'applique régulièrement à des comparatifs positifs.

C'est le cas en ce moment quand je croise une foule de gens de la rue qui ne comprennent pas l'acharnement de la chaîne qui m'emploie à me squeezer.

— C'est super ton grand cabaret. Et en plus, ça marche. Pourquoi ils veulent presque plus en faire ? Et puis tes téléfilms aussi. Ils ont cartonné. Il paraît qu'il y en aura plus ?

— Non.

— Pourquoi ?

— Ce serait trop long. Mais ce n'est pas grave. Ce qui compte, c'est ce que j'ai fait jusque-là. Et que j'ai toujours respecté ceux pour qui je le faisais.

— Tu dois avoir la haine.

— Même pas. La haine, c'est un poison. Déjà que je suis obligé d'avaler la leur, je ne vais pas y rajouter la mienne. Y aurait overdose ! Ne serait-ce que pour ma santé. Ne plus vivre de la télé, c'est sûr que ça me ferait un vide. Mais, hors de question que j'en meure.

Ce n'est pas une image. Jacques Martin est mort de ce mépris-là. Un AVC foudroyant au bout du rabaissement. Après une mise à l'écart sans ménagement dans un bureau de dirigeant. Il aurait dû relativiser. Se dire qu'il avait fait son temps, comme j'ai peut-être fait le mien. Même si c'était injuste et qu'il avait encore des choses à offrir. Comme moi.

Il fallait penser à ce moment-là à des mises à l'écart bien pires. Aux délocalisés, aux jetés à la rue sans indemnités. À tous les virés du monde. À tous les exclus. Et surtout, il ne fallait pas lutter, hurler son bon droit. Crier son dégoût à presque s'en exploser les veines. C'est ce que Jacques a fait, hélas ! Sans précautions. Il nous a quittés quelques années plus tard. Mais il est mort ce jour-là. Dans un bureau du service public. D'un éclat de voix.

S'il avait été bienveillant pour lui-même, il n'aurait pas combattu. On n'oppose pas une légitimité artistique à la dictature d'une administration. C'est un combat perdu d'avance. Il faut juste penser à se protéger. Je vais être trivial, mais dans ce cas-là, quand tu te fais baiser, c'est toi qui dois mettre une capote !

Relativiser. Pour ne pas risquer l'infection. Le mot est juste. Il vient d'infect.

Parce que le manque de protection pour soi-même peut entraîner des lésions physiques irréversibles. Quand il s'agit d'excès en tout genre, c'est une évidence. L'alcool, le tabac, les efforts, mènent à la tombe avant l'heure. Le stress aussi. Ruminer ses rancunes et ses contrariétés diverses ne sape pas que l'esprit. Ça déséquilibre aussi l'organique.

Elle me fixe, le regard vide. La maladie l'a décharnée. Elle n'est pas loin du bout. Comme c'est mon amie, je la rassure, bien sûr. Je lui mens un mieux que je sais impossible.

Et, pour la première fois, elle reconnaît :

— C'est toi qui avais raison. Je me suis trop minée pour des riens. Je suis sûre que les métastases c'est ça.

Je lui mens de plus belle :

— Mais non, c'est pas ça.

Bien sûr que c'est ça !

J'ai vu mon amie passer sa vie à se ronger au moindre contretemps. En vouloir à celui-ci, à celui-là. Pour des broutilles. Et, dans les cas les plus graves, à en devenir presque indécente. Plantée, par exemple, devant BFM la nuit du Bataclan, et ne me parler que de son patron qui l'avait licenciée sèchement deux semaines plus tôt.

En allant même jusqu'à oser :

— J'espère qu'il était dans la salle !

Elle n'en pensait pas un mot bien sûr. C'était juste de la rage. Mais elle a eu droit de ma part à un recadrage en règle. Elle s'est excusée. J'ai adouci ma voix pour lui dire :

— C'est à toi que tu fais du mal. Regarde, il y a des méchants partout. Il y a les accidents, les incendies, les tempêtes. C'est de la connerie pure de rajouter le mal qu'on se fait à celui auquel on ne peut pas échapper.

— Je sais. Mais c'est plus fort que moi.

— Relativise, ma grande. Relativise. En plus, tu te porteras mieux.

— Ça n'a rien à voir !

— Oh, si ! Ça fait vingt ans que je te connais et vingt ans que t'es patraque. T'as toujours une migraine, un bobo, une douleur. Je suis sûr que si tu prenais un peu plus tout à la légère, ton corps serait moins lourd à porter.

— C'est quand même pas ma faute si j'ai des contractures et des étourdissements ! Ce qui bloque mon genou, ça peut quand même pas venir de ma tête !

— Moi, je crois que si.

Le cancer de l'estomac a bloqué son ventre. Tu sais, à l'endroit où se niche la boule chaque fois que tu te mines pour un oui ou pour un non.

Relativiser.

Les petites gênes du quotidien : la pluie en été, les embouteillages, les contraventions, les pannes, les retards. Et puis les grandes : les trahisons, les découverts bancaires, les chagrins d'amour, les licenciements. Et chaque fois, aller chercher dans le pire la raison de ne pas s'angoisser.

Il y a pire que la pluie d'été qui gâche tes vacances. Il y a les moussons du bout du monde qui font des milliers de morts. Pour les embouteillages, pense à l'exode pendant la guerre. Le même blocage, mais poussé par l'occupant. Ce soir, tu retrouveras ta maison. Eux, ils n'allaient nulle part. Il y a pire qu'un compte à découvert. Il y a : pas de compte du tout. Il y a pire que de perdre son travail. Il y a de ne jamais en avoir trouvé.

Pour cause de handicap par exemple.

En voilà un bon prétexte à relativiser : ce à quoi la nature t'a donné la chance d'échapper. Et d'ailleurs, tu as sûrement remarqué : c'est paradoxalement chez les handicapés qu'on trouve le moins de gens qui s'apitoient sur leur sort. Eux, plus que quiconque, savent l'appliquer cette bienveillance pour eux-mêmes. Pour s'éviter l'enfer. Se contenter du purgatoire. Certains touchent même le paradis.

Jean-Jacques, bien calé dans son fauteuil roulant, m'écoutait psalmodier mes reproches professionnels, mes frustrations. On partageait une bière fraîche à la terrasse d'un café.

D'un coup, il a éclaté de rire et il m'a proposé :

— On change si tu veux ! Je prends ton fauteuil de patron de société de télé et toi tu prends le mien.

Un peu honteux de mes jérémiades, j'ai répondu :

— Excuse-moi. C'est vrai que par rapport à toi, je ferais mieux de fermer ma gueule.

— Mais pas du tout. J'étais sérieux quand je t'ai dit : « on change ». Parce que je ne suis pas certain du tout que tu sois plus heureux sur ton fauteuil que dans le mien. Contrairement à toi, est-ce que tu m'as entendu me plaindre une seule fois de quoi que ce soit ?

— Jamais... Excuse-moi encore, j'ai été un poil indécent.

— C'était pas indécent. C'était idiot. Même si tu es assez doué pour relativiser, tu ne fais pas encore assez la part des choses. Moi, je suis dix fois mieux dans ma tête depuis que les jambes ne marchent plus.

Il a bu une gorgée de bière et il a enchaîné :

— C'est fou d'ailleurs. J'ai eu l'accident de bagnole à cause des antidépresseurs qui m'ont endormi dans un virage. Parce qu'à l'époque je me pourrissais la vie pour le boulot, les gonzesses, tu te souviens ?

— Oui.

— Si j'avais pris le virage avec ce fauteuil, je ne l'aurais pas raté !

On a ri de bon cœur, et il a conclu, sérieux :

— Chaque fois que tu as une mauvaise nouvelle, qu'on te tend un traquenard, si tu es assis, mets des roues à ton fauteuil !

Ceux qui me connaissent bien savent que lorsque je reçois un coup de téléphone plus que contrariant, je ne bondis pas de rage après avoir raccroché. Si je ne suis pas assis, je trouve un siège et je caresse les accoudoirs.

La dernière qui m'a posé la question n'a toujours pas compris ma réponse.

— Tu fais ça pour te détendre ?

— Non. Je cherche les roues !

Relativiser.

Encore une fois, pour conclure, il ne faut pas rajouter le mal que tu te fais à celui qu'on t'impose. Peser le pour et le contre et toujours faire pencher la balance du côté « pour ». Pour oublier. Pour sourire. Pour mieux dormir. Et, bien évidemment, pour ne pas se punir inutilement.

C'est le quatrième conseil de bienveillance pour soi-même :

Ne pas se flageller.

J'en ai fait, crois-moi, des faux pas, des fautes, des conneries multiples. Toutes mes absences auprès de mes enfants. Mes mauvais choix de couple, de carrière. Mes confiances données à des amis fourbes. Mes vanités. Mes forfanteries stupides. Mes excès en tout. Mes dépenses irraisonnables. Mes travers irracontables. Mes défauts criards, mes lourdeurs. Mes colères stériles.

Comme toi bien sûr.

Comme nous tous.

Avec la sentence de référence en mémoire de l'erreur passée :

— Mais quel con (quelle conne), j'ai été !

C'est le fouet dont tu t'es roué en tant d'occasions. À toi de choisir dans la liste qui n'est pas exhaustive. Le catalogue des « après » :

Les lendemains de cuite. Les soirs de perte au jeu. L'adultère, pris la main dans le sac. L'hôpital après l'imprudence sur la route. Le coup de gueule. Le coup de frime. Le remord de l'insulte au père. De la gifle à l'enfant. La scène de ménage de trop qui a fait partir l'autre. L'examen raté parce qu'on n'a pas assez travaillé. La fracture, et l'hôpital encore pour un instant d'inattention. Etc.

Alors, on se convoque à la barre de notre tribunal intime. Sans témoins, sans jurés. Juste nous et nous. Juge et accusé. Et on passe des nuits sans sommeil à aligner réquisitoire sur réquisitoire.

Je ne vais pas m'étendre.

Je te donne juste mon verdict personnel.

L'énoncé du jugement que je me prononce depuis toujours :

Acquitté !

Sans aucune possibilité de faire appel. J'ai fait le choix, en mon âme et conscience, de m'absoudre de tout. Sans nuances. Des plus légères de mes fautes aux plus graves. Sans états d'âme. Blanchi de tout, et libéré sans caution.

Eh oui ! J'ai traité de la main à la main avec mes culpabilités et mes remords. Dégagez, je ne veux plus vous voir ! Ce qui est fait est fait. Et ce n'est pas en le ressassant indéfiniment que je vais le faire autrement. Bien sûr de temps en temps, il y a quelques retours de flamme. Mais ça va, je gère. Et je te conseille de faire pareil.

Tu verras, ce n'est pas si difficile que ça.

Tiens, juste un petit truc de visualisation :

En cas de crise de culpabilisation, ferme les yeux. Et fais clignoter le mot « acquitté » en grosses lettres. Jusqu'à ce que les questions que tu te poses s'éloignent. C'est un vieux taulard qui m'avait donné le truc.

En ajoutant :

— Ça te fait pas sortir de taule, mais ça te libère la tête. Une prison, ça suffit. Pas deux. Quand t'es au trou, faut au moins t'acquitter de ça. Les juges t'ont pas fait de cadeau. Si toi, tu te fais pas celui-là, tu deviens fou !

Ne pas se flageller.

C'était le quatrième conseil de bienveillance pour soi-même. Le cinquième est sans doute le plus facile à appliquer. Au contraire des autres, il ne demande pas d'effort particulier. Au contraire, il suffit de se laisser tout simplement aller à ses envies. C'est pour ça que je serai plus bref. Avec encore un seul verbe à décliner :

Profiter.

De chaque jour qui passe comme si c'était le dernier. Ne rien se refuser qui ne soit accessible. En se disant que chaque seconde qui passe est un cadeau divin.

Parce que nous sommes tous des survivants.

Vois les enfants malades, les accidents, les attentats. Vois cette loterie du malheur où chacun peut à chaque seconde tirer le mauvais numéro. Chuter, être agressé, tomber malade, se perdre, souffrir, mourir.

Vois les bagarres. Les revers de fortune. Les privations de liberté. L'enfance martelée. L'adolescence égarée. La vieillesse sournoise qui va te voûter, te plisser. Et t'envoyer au mouroir sans autre remerciement pour service rendu qu'un abandon à bon marché.

Vois surtout ce monde incertain.

Vois cette planète barbare où des Kim Jong-un et des Trump jouent à «je te tiens par la barbichette». Immatures pitoyables et dangereux. Gosses de riches. Fils de putt. Joueurs de golf à temps plein. Dix-huit trous dans la peau pour le rebelle. Dix-huit trous dans la peau pour l'émigré.

Vois cette terre vieille. Enfumée. Oxydée. Rouillée. Bientôt bonne pour la casse. Qui nous envoie ses tsunamis, ses ouragans, ses sécheresses en SOS. Et nous, les trois singes. Rien vu, rien entendu, rien dit. Laisser faire. Laisser mourir sans un sursaut.

Vois ce monde de fric virtuel où on peut vider ton compte d'un clic. Tes heures de bureau transformées en heures de bourreau. D'un doigt. Ton patrimoine guillotiné par des traders sans âme. La sacralisation du *winner*. Et toi, bonne pomme. Apple addict. Loser stupide et inconséquent.

Vois les tout-puissants prendre en otage ta sueur, ta dignité. Te soumettre à la loi du plus fort. Sans autre bouclier qu'un ridicule bout de papier. Un bulletin de vote en trompe-l'œil. Papier toilette pour essuyer les fesses de ceux qui défèquent sur ton honneur.

Alors, profiter !

Vite.

Pleinement.

Ne pas se priver du moindre esquimau par temps chaud. Ni de la moindre choucroute par temps froid. Tant pis pour les calories. Ne rater aucun baiser volé. Aucune caresse intime. Aucun délire érotique tant qu'il est fait dans le respect de l'autre. Tant pis pour la morale. Se noyer dans les musiques qu'on aime. Des urbaines aux flonflons. Sans honte. Sans se plier à la mode du jour. Aimer, danser, rire, lire, courir, dormir au gré de ses envies. Et pas seulement sur calendrier, sur planning. S'offrir des dimanche en famille même le mardi. Des 14 Juillet en novembre.

Et surtout : se gâter.

Être son père Noël en toute saison. Se couvrir de cadeaux, même les plus insignifiants. Une écharpe. Un parfum. Un sourire dans la glace. Une coiffure nouvelle. Un bonbon. Un morceau de chocolat avant de dormir. Se cueillir des fleurs. S'offrir du temps. De l'espace. Du silence les jours de bruit. Du vacarme les jours d'ennui. Voyager. Découvrir. Et parfois juste ne rien faire. Sans la culpabilité du travail délaissé. Se contenter d'être. Et aimer.

S'aimer.

Profiter.

Voilà pour la bienveillance pour soi.

Je me suis lâché dans l'idéalisme un peu plus que dans les autres chapitres. J'ai certainement été naïf. Difficile à saisir parfois. Métaphorique à l'excès. Mais c'était mon petit cadeau personnel. Ma bienveillance pour moi tout seul. Mon plaisir infini de jongler avec les mots. Cette jouissance sans pareille de malaxer les phrases. Et surtout de vider mon moi le plus profond. En rafale. En tirade.

À l'heure où j'écris, il est très tard. Tout le monde dort dans la maison. Je suis seul dehors. Une table simple. Une chaise. Une lumière discrète. Je pourrais être en fiesta en ville. Rire avec des amis. Applaudir un spectacle. Jouer dans un casino. Voguer en pleine mer sur un bateau de luxe. En villégiature sur une île. Ou, plus simplement, affalé sur un canapé devant un film passionnant.

J'écris.

Juste un écran d'ordinateur.

Moi d'un côté, et toi de l'autre.

Je suis bien.

Je profite.

Bienveillant pour moi-même, donc.

Avant d'entamer la dernière partie du voyage, je voudrais terminer ce chapitre sur une note beaucoup plus légère. Un moment d'égarement. Un chemin de traverse. Dans ma conclusion, je te parlerai d'autres voyages. Ceux qui m'ont fait sillonner la France toute ma vie. Des coins les plus exposés aux plus cachés. Cela me permettra de t'exposer une géolocalisation de la bienveillance. De t'offrir un GPS du bien vivre ensemble. Tu verras, il y a des surprises. Les pires malveillants ne sont peut-être pas d'où tu crois. Et les prétendus havres de bienfaisance ne sont pas toujours peuplés des meilleurs d'entre nous.

Je te raconte ça dans quelques lignes.

Mais, d'abord, le moment d'égarement promis.

En précisant qu'à la lecture des lignes qui vont suivre, peut-être me reprocheras-tu un peu de grivoiserie inutile. Mais bon, on est presque au bout, je peux me permettre un petit crochet un peu plus osé que le reste. Rassure-toi, je ne vais pas me vautrer dans l'indélicat. Juste effleurer le trivial light. Pas de quoi fouetter un chat. Ni un chevreuil, d'ailleurs. Tu comprendras plus loin.

Je vais évoquer un voyage vieux d'il y a quarante ans. Avec un incident de parcours parfaitement raccord avec le sujet de ce chapitre : la bienveillance pour soi-même.

J'avais vingt-quatre ans. C'était les débuts. Je sillonnais la France de petits galas en petits galas. Déjà riche de milliers de beaux souvenirs, mais seulement de ça. Le montant du cachet m'importait peu. C'était le temps des escapades. Le bonheur d'aller imiter çà et là. De salle des fêtes en chapiteaux. Pour le tout-venant, avaler tout ce bitume seul au volant aurait certainement été une corvée. Pour moi, c'était la vie de rêve : saltimbanque.

Ma vieille Opel me redescendait très tard d'un spectacle dans le Nord. J'avais décidé de filer sur Brive sans m'arrêter à Paris. Besoin de chez moi. Quitte à me taper sept cents kilomètres en pleine nuit. Un peu dingue. Mais l'envie de retrouver ma terre faisait aimant. C'était le mot. Il me tardait de retrouver les aimants. Les familiers.

La pluie qui avait commencé à tomber à mon départ de Saint-Quentin ne m'avait pas lâché. Au début bruineuse. Puis de plus en plus drue. Un temps de novembre. Et pourtant on était en mai. Mais bon, l'autoradio me tenait compagnie. Et aussi quelques cassettes de Sardou et de Dassin. Entre *La Maladie d'amour* et *Les Champs-Élysées*, j'avais de quoi chanter à tue-tête.

Et puis d'un coup, juste après «je m'baladais sur l'avenue», plus de balade et plus d'avenue. La panne de musique. Plus rien. L'autoradio en rade. C'est aussi à ce moment-là qu'un essuie-glace m'a lâché. Je traversais la Sologne. Il me restait presque quatre cents kilomètres. La lumière des phares qui vacillait m'indiquait que l'alternateur commençait à avoir des faiblesses. Il y a des nuits comme ça !

Je me suis dit :

— Il manquerait plus que je crève !

Il ne faut pas tenter le diable des clous sur la chaussée !

La vieille Opel s'est mise à tirer à droite. Juste le temps de trouver un renfoncement sur le côté et j'ai stoppé. Et allez ! Roue de secours. Pas de lumière. Cric dans la boue. Et toujours la pluie en rafale.

Te dire que j'ai pris ça avec philosophie serait un mensonge éhonté. J'ai insulté pêle-mêle, en hurlant, les marchands de voitures, d'autoradios et les fabricants de crics de merde ! Plus le bon Dieu évidemment. Qui n'est pas garagiste, mais qui quand même aurait pu avoir la bonté d'arrêter la pluie quelques minutes.

Et là, miracle ! Comme quoi, hein ! Un bon coup de gueule !

Le ciel s'est éclairci. J'ai même aperçu une ou deux étoiles. Je me suis appuyé contre un arbre et j'ai allumé une cigarette. Et va savoir ce qui m'est passé par la tête ! J'ai décidé de mettre en pratique cette fameuse bienveillance pour soi-même dont je te fais l'éloge depuis le début de ce chapitre. De la manière la plus personnelle qui soit.

J'ai dégrafé mon pantalon, et j'ai attaqué une masturbation de grande qualité, en me disant à haute voix :

— J'aurai au moins un plaisir dans le voyage !

Plus bienveillant pour moi-même, je ne pouvais pas !

Alors, je sais, tu trouves peut-être l'anecdote déplacée. Trop intime et trop triviale. Et si elle t'a choqué, je te demande de m'en excuser. En tout cas, pour moi, elle a toute sa place ici. C'est même un des exemples les plus démonstratifs de bienveillance pour soi-même. Parce que s'il est un bonheur personnel qui ne souffre d'aucune contestation, c'est bien celui-là.

Il offre tous les facilités. Gratuit. À la demande. Discret. Et, bien entendu, modulable selon son envie et le temps dont on dispose. De plus, c'est la plus sociale des jouissances. Homme ou femme, et de quelque condition que l'on soit, elle est accessible à tous. Avec, de surcroît, deux avantages non négligeables : quand on n'en a pas envie, on n'est pas obligé de simuler la migraine. Et une fois assouvi, on n'a de merci à dire à personne !

Un petit mot quand même pour les sceptiques. Ceux qui mettraient en doute la véracité de l'anecdote solognote. Elle est rigoureusement authentique. Un chevreuil qui passait à ce moment-là peut même en attester. Comme je te disais en introduction, pas de quoi le fouetter ! Mais, à la manière dont il est resté à me regarder, je me pose depuis beaucoup de questions sur l'hétérosexualité des cervidés !

— Et voilà ! Encore une couche de salace et de facile ! s'insurge le prude.

— Je sais. Mais qu'est-ce que tu veux ? C'est moi.

Et ça introduit parfaitement l'ultime conseil d'auto-bienveillance qui va clore ce chapitre :

Rester soi-même.

S'accepter. Ne renier aucune de ses différences intimes. Aucune des incongruités de sa nature profonde. Ne pas se trahir. Quitte à y perdre l'estime de quelques autres. Qu'importe ! L'essentielle est celle qu'on se porte. Et en ce qui concerne la mienne, elle va très bien, merci !

Résister aux honorabilités provisoires : ce qu'il faudrait dire, ce qu'il faudrait faire. Ce qu'il faudrait penser pour être mieux considéré. Ils sont tant à jouer un rôle qui n'est pas le leur. À être mal à l'aise dans leurs habits, mais les porter quand même parce que c'est la mode. À réfréner leurs envies les plus intimes parce que « ça la fout mal ! », comme ils disent.

Ils sont tant à être devenus ce qu'ils ne sont pas. À s'être perdus en route. Pour un statut social, une promotion, une décoration, un discours de félicitations. À avoir mis de l'eau dans leur vin alors qu'ils ne rêvaient que d'ivresse. À avoir choisi d'être juges, alors qu'ils se voyaient braqueurs. À avoir couché dans leur lit conjugal des acariâtres froides alors qu'ils n'aimaient que les volages volcaniques. À avoir épousé une vie rangée toute en confort alors que leurs rêves de petite fille les avaient projetées aventurières et vagabondes. Tout ça pour un statut social, une image de marque.

Pour moi aussi, elle a été grande, la tentation de respectabilité. Mais j'ai résisté. Je suis resté moi. Futile, inconsistant. En toute connaissance de cause. Et surtout de conséquences. Parce que j'assume tout, même le pire. Et que je me sens tellement mieux comme ça. J'aurais pu cent fois lâcher le gaulois, le populaire. Les émissions à paillettes. Ranger mes chansons de fêtes. Changer de registre. Chanter du beau. De l'important. Bon, en même temps, n'est pas Benjamin Biolay qui veut ! Ça tombe bien, je n'aurais pas voulu être Benjamin Biolay. Parce qu'il fallait que je sois bienveillant pour moi. Que je me soigne. De ma bâtardise, de mes origines modestes, de mes deuils, de mes complexes, de mon abandon.

« La considération, c'est un placébo pour vaniteux. »

Ça ne guérit de rien. Ma légèreté, mes chansons populaires, mes grossièretés lourdingues m'ont sauvé. Pour moi, une salle d'honneur ne vaudra jamais une salle qui rit. L'empathie d'une foule qui reprend en chœur, les sourires dans la rue m'ont aidé à porter mes croix. Moi qui n'étais le fils de personne, tu ne peux pas savoir comme ça m'a réchauffé d'être l'ami de tout le monde. Ou presque. D'être connu, reconnu, mais pas seulement. D'être le tonton farceur, le grand frère déconneur. Et même, à mon âge, le papy grande gueule, ringard, blaireau, et un peu dingue. Ça ne me froisse pas, ça me flatte. Je me suis battu pendant quarante ans pour ne surtout pas réévaluer cette image-là.

Pour ça, il m'a fallu faire du rase-mottes. Rester peuple. Ne pas trop m'éloigner du simple, du commun, de l'ordinaire. Raboter mes cimes pour me mettre à niveau. Sans démagogie. Juste pour le goût de l'autre. Quel qu'il soit. Sans retenue non plus. Parce que pour plaire à la rue, il faut parler la langue de la rue. Et n'avoir honte, ni de ses outrances ni de ses facilités. Scanner la vraie vie dans ce qu'elle a de plus primaire et faire papier carbone. Et c'est comme ça que, pour les vrais cons, je suis devenu beauf officiel. Venant d'eux, l'insulte est un honneur !

J'y ai perdu en considération, c'est sûr. Mais Dieu qu'elles sont chaudes les étreintes des pauvres gens ! Et comme c'est rassurant pour mon humanisme chronique d'être compris par des incompris. Et comme ça a guéri ma solitude de môme d'être posé chez tout le monde en écran de télé depuis plus de trente ans. Et de continuer à faire chanter les heureux du jour aux mariages et aux anniversaires.

J'avais les moyens d'être respectable et respecté. D'être salué sans condescendance. D'être invité à des tables hautes. J'ai une culture honorable. Sans forfanterie, je pense que j'étais armé intellectuellement pour lutter à armes égales avec les pertinents, les réfléchis, les profonds. J'ai choisi le superficiel en pleine conscience. Parce que le futile, le léger, sont des ballons d'hélium. Ils te soulèvent. Ils t'envolent.

Les statues ont les pieds cloués au sol. C'est tellement mieux d'être l'oiseau qui se pose dessus. L'honorabilité m'aurait figé, la gaudriole m'a donné des ailes. Parce que, même si je vole bas, au moins, je vole ! De toute façon, j'ai le vertige. À planer trop haut, j'aurais souffert bien plus. Être aimé du peuple d'en-bas est pour moi la plus réconfortante des thérapies.

Alors, un ultime conseil de bienveillance pour toi-même :

— Ne choisis pas ta voie en fonction de l'épaisseur de la carte de visite. Ne te laisse guider que par tes désirs les plus intimes. Même les moins politiquement corrects. Quelles que soient les tentations de respectabilité, de reconnaissance, de prix, de médailles, ne te trahis pas. Accepte d'être médiocre aux yeux des autres pour peu que ton bonheur y trouve son excellence. Si tu dois devenir quelqu'un, il ne faut pas que ce quelqu'un soit un autre que toi. Et surtout, ne sacrifie jamais ton authenticité à la vanité.

Le mot de la fin :

« Mon honneur sera toujours de ne jamais courir après les honneurs. Parce que c'est le seul pluriel qui vaut moins que son singulier. »

CHAPITRE 7

Comme promis dans le chapitre précédent, je vais maintenant te balader en France profonde. Pour tenter de t'y guider en bienveillance.

Un « itinéraire bises ».

Pour t'indiquer quelques endroits à câlins, à mansuétude, à générosité, à solidarité. Et t'éloigner des traquenards, des coupe-gorges, des sables mouvants. Mais aussi pour t'énumérer quelques-uns des vrais généreux que j'ai croisés.

Surtout pour te rassurer définitivement dans ce dernier chapitre :

— Oui, la bienveillance existe. Malgré les apparences, elle est partout. Mais il faut la traquer. Dans les recoins géographiques. Mais aussi dans ceux de l'âme humaine où on l'attend peut-être le moins.

En quarante ans de pérégrinations artistiques, j'ai sillonné mon pays en long, en large et en travers. En profond surtout. Le grand écart dont je t'ai déjà parlé.

Des hameaux aux palaces. Des bars louches aux *pool-houses* des villas cossues. Des cours de fermes aux cours des rois. Des ordinaires aux puissants. Des oubliés aux trop connus. Des importuns aux importants.

Cela m'a enseigné et m'enseigne encore les endroits à éviter et ceux à privilégier. Les lieux, les milieux, les familles, où l'on s'aime un peu plus. Les îlots de malveillance où il est déconseillé de mettre les pieds et le cœur. Attention ! Encore une fois, ce n'est pas une règle absolue, un parcours obligatoire. C'est juste, comme je te le disais plus haut, mon GPS personnel du bien vivre ensemble.

Alors viens ! Donne-moi ta main ! Je t'emmène où je suis allé pour te raconter ceux que j'y ai trouvés. Prends ton sac à bienveillances. Vide bien sûr. Il sera plein au retour.

Pour commencer, une double géolocalisation :

La dernière fois que je me suis battu dans la rue avec un inconnu, c'était dans le seizième arrondissement de Paris. Quartier chic, et bonnes manières reconnues.

J'ai été agressé par un minot de vingt ans. Un insolent. De souche française. Même pas la casquette en arrière. Mais avec le parler des banlieues nord. Petit con à papa qui se la joue casbah pour faire comme si. Rebelle en Zadig et Voltaire. Arrogant. Malveillant. Au point de me donner envie de le ventiler. De le disperser façon puzzle. À l'ancienne.

Mais Audiard est mort depuis trop longtemps. Et le taekwondo a remplacé le bourre-pif. J'ai pris sa pompe Armani en pleine tempe. Où va le monde ? Si le joueur de polo vire racaille, c'est à désespérer de l'éducation chrétienne privée. Manquerait plus que les rombières en Chanel dérapent souillons, morues et cleptomanes !

La dernière fois que j'ai été consolé par un inconnu, c'était dans un campement de gitans dans l'Hérault.

Quartier sauvage, et prétendues mauvaises manières.

Ils avaient squatté un bout de terrain en bordure de la double voie, sur la route de la petite Camargue. Pile à l'endroit où le petit s'est tué en moto, il y a vingt-sept ans. Chaque année, j'y vais en pèlerinage dans la nuit du 14 au 15 juillet à l'heure de l'accident. Un rite de quai de gare. Assis dans l'herbe d'où il est parti. Et les yeux plantés dans les étoiles du ciel où il est arrivé.

D'habitude, personne. Juste les arbustes assassins et moi. Là, quand je me suis approché, l'endroit était garni de caravanes endormies. Mon instinct de sauvegarde me disait de plutôt rester en retrait. Mais mon devoir de mémoire me poussait à y aller quand même. Intrus dans la nuit noire, je risquais plus le coup de fusil à pompe que l'accueil chaleureux.

Je me suis avancé.

Ça a été plus que chaleureux. Ils m'ont offert à boire. Ils m'ont serré dans leurs bras. Ils m'ont réconforté, « bienveillé ». Une vieille dame s'est agenouillée pour prier pour l'âme de mon gamin. Je suis resté plus d'une heure à parler avec eux. De la vie, de la mort, de sainte Sarah, des gosses, de leur sale réputation, des idées reçues. De Maman, qui avait raison de les aimer bien.

Le moment le plus fort a été au moment de partir. Quand un môme a voulu faire un selfie. Le chef du clan, d'un revers de main, a violemment fait valdinguer le portable en disant :

— On fait pas la photo du malheur des gens !

Une malveillance bourgeoise et une bienveillance marginale pour commencer.

Deux exemples entre mille. Pour affiner ta géolocalisation du bienfait, comme promis. Mais ne généralise surtout pas. Les beaux quartiers sont remplis de vrais généreux. Et il y a aussi de belles ordures dans les caravanes. Ces deux contre-exemples ne sont là que pour accréditer l'assertion de bienveillance pour chacun dont je te parlais au tout début :

Ne jamais céder aux a priori.

— Aimez-vous les uns les autres, entend-on dans les églises.

— Aimez-vous les uns « sur » les autres, entend-on dans les clubs libertins.

D'un côté la vertu. De l'autre le vice.

Mon dernier souvenir d'église est l'enterrement d'une tante. Le clergé n'avait même pas eu la bienveillance de déléguer un prêtre. Pas même un diacre. Faute de main-d'œuvre. Des bénévoles en chemisette et sandales ont assuré l'office. Avec deux quêtes pour les frais de prestation. Le paradis à péage.

Tous mes souvenirs de clubs libertins sont faits de respect de l'autre. Un mélange parfait, que l'on soit riche, pauvre, important ou ordinaire. Pas de harcèlement. Pas de viol. Juste un partage consenti dans le but de se faire du bien. Aucune quête pour les frais de prestation. Le paradis gratuit.

Encore un exemple personnel qui ne tient pas lieu de généralité. Mais, en te laissant le libre choix de la réponse, je te pose la question :

— Où est le vice, où est la vertu ?

Géolocalisation d'actualité, maintenant. Je vais m'y attarder plus longuement.

Facile, c'est tout frais. Je ne risque pas d'oublier les détails. C'était il y a trois jours, au moment où j'écris.

Le tsunami est parti d'un stade de football à Moscou, le 15 juillet.

Et la vague a submergé la France.

— On est les champions ! On est les champions ! On est, on est, on est les champions !

Champions du monde de football ! Au cœur de l'été 2018, un pic de chaleur humaine. Bienveillante, évidemment. Puisque les « héros » nous ont fait tellement de bien. Et nous, on s'est invités les uns chez les autres. On s'est réunis, on a partagé, chanté, hurlé ensemble. On s'est embrassés. Vieux, jeunes, riches, pauvres. Les couleurs de peaux unifiées dans les trois du drapeau. Bleu, blanc, route. Le même chemin. La même voie. La même voix.

Ce soir-là, après le sacre, je chantais devant vingt mille personnes au festival de Trélazé. Devant moi, un océan de bienveillance. Le bonheur rendu au bonheur offert. Une *Marseillaise* inoubliable. Le *Bella ciao* à la mode. Mes « sardines » bondissantes piquées de centaines d'écharpes tricolores. Et après, des selfies, des embrassades, des mercis. L'extase.

Et le lendemain, une rencontre de hasard. Mariam, une Guinéenne d'origine. Une intégrée modèle. Ingénieur. Brillante. Lucide.

Alors, forcément, j'ai lâché la bride de mon humanisme :

— Au-delà de la victoire, le symbole est magnifique. La plupart des « héros » sont noirs. Quelle belle réponse à tous les racismes ! Et le beau discours de ces mômes qui glorifient le patriotisme. C'est bon signe pour les bienveillances à venir. L'espoir d'une société plus tolérante et plus apaisée. Tu dois être ravie ?

Elle a à peine souri, et m'a dit :

— Oui et non.

Oui, bien sûr. La fête, le partage, la fierté. Et non, parce qu'au-delà de l'élan, elle s'inquiétait que le feu de joie ne soit qu'un feu de paille. Pour de multiples raisons.

Les « héros » d'abord.

Elle a dit, intraitable :

— Ce sont les nouveaux Robin des Bois. Ils prennent aux pauvres pour se donner à eux. Des milliardaires gavés par la vente de tout. Tu parles de « héros » !

J'ai argumenté :

— Je te trouve sévère. C'est le prix de la part de rêve.

— Ça fait quand même cher le passement de jambes !

J'ai insisté :

— Le peuple a toujours eu besoin d'idoles. Et puis celles-là sont inoffensives. Ce ne sont pas des intégristes. Ils ne nous poussent pas à aller à la guerre, juste au stade.

Elle a répondu, déterminée. Presque militante :

— D'accord. Mais, pour moi, c'est à l'image d'une société de plus en plus égoïste et de plus en plus décadente. D'un côté les très riches, et de l'autre les pauvres qui les nourrissent. Une société où soit tu es numéro un, soit tu n'es rien du tout. Désolée, mais même avec la part de rêve, ce n'est pas l'idée que je me fais d'un monde bienveillant.

On aurait dit du Mélenchon.

C'était juste du Mariam. Une petite fille des cités bien grandie. Pas insoumise. Seulement observatrice sans concession, maintenant qu'elle était du bon côté de la barrière, comme elle disait.

Nous étions assis dans l'arrière-salle d'un restaurant. La télé allumée, mais muette, diffusait les images du triomphe des « héros » de retour à Paris. Mariam a jeté un regard distant et a continué dans son argumentaire réducteur :

— Dans la mythologie, les Champs Élysées, ce n'était pas au paradis, c'était aux Enfers. Pas sûr que ça ne soit pas le signe d'une descente annoncée.

— Pourquoi tu dis ça ?

— Entre autres parce que, hier soir, sur cette avenue, il y a des petits voyous qui ont fracassé des boutiques et qui les ont pillées. Alors je m'inquiète. Parce que je sais qui ils sont et d'où ils viennent. J'en viens aussi.

J'ai encore atténué :

— Ce sont les dommages collatéraux. Ce n'est pas très grave. Il y a toujours des cons pour gâcher la fête.

Là, son visage s'est fermé, et elle a pris un ton grave.

— Non. Ceux-là ne sont pas que des cons. Parce que, d'accord, on a gagné. Mais cette victoire, c'est aussi celle de l'équipe d'Île-de-France. Ils viennent de Bondy, de Lagny, de Vincennes, les plus héros des « héros ». Ils viennent du poumon de la violence urbaine.

— Et alors, justement. Ça prouve qu'on peut être de là-bas et faire autre chose que « racaille première langue » ! Tu en es le meilleur exemple.

Elle a souri, et elle a enchaîné.

— Cette victoire-là, c'est un trompe-l'œil, tu verras. Les champions ont paraphé une toute-puissance, une invulnérabilité. La « racaille », comme tu dis n'attendait que ça. Quelque part, c'est une porte ouverte au tout permis. Pourquoi, ils se gêneraient ? Leurs frères sont des « héros ».

— Et c'est toi qui me dis ça ?

— Oui. Moi, la Française d'origine guinéenne. Je sais de quoi je parle. Ceux qui, comme moi, ou comme les « héros », s'en sortent par le haut sont des gouttes d'eau. Le reste est tout sauf un fleuve tranquille. Il y a un proverbe africain qui dit : « On ne voit pas les dents du crocodile endormi. »

Et elle a ajouté :

— On a même l'impression qu'il sourit !

— Ça veut dire quoi ?

— Ça veut dire qu'une fois la joie passée, la déification de leurs semblables donnera aux pires d'entre eux encore plus de légitimité pour mordre.

— Donc, pour toi, bravo pour le feu d'artifice ! Mais il faut se méfier de l'écran de fumée.

— C'est ça. Et j'ai bien peur que le pic de bienveillance dont tu parlais nous fasse retomber bien plus bas dans la malveillance.

Et on a continué à analyser l'événement de l'année. Le sacre des « héros ». À décrypter la liesse, les mises à l'honneur. L'Élysée et son Macron de circonstance. Sa Brigitte en chandelle à côté. Pour illuminer de son sourire si chaleureusement rassurant. Le jackpot médiatique de tous les marchands d'images. Le coach statufié de son vivant. Avec raison. Label Deschamps. Comme le fromage. Fait à cœur. Exemplaire.

Et puis tous ces mômes dans la cour du palais. Invités du Secours populaire. Au secours d'un président en manque de soutien populaire ? Allons, allons, ne voyez pas le mal partout ! Ce soir, la France a gagné. La France est métissée et heureuse. La France est unie. La France est fière. La France est généreuse. La France est bienveillante.

— C'est ce que tu voulais, Patrick, me glisse Mariam, avec un brin d'ironie. Ton humanisme doit être comblé ?

— Oui. Sans réserve. Mais j'ai entendu ce que tu m'as dit. Je raconterai notre rencontre à mes lecteurs. C'est eux qui jugeront.

— Alors, dis-leur aussi qu'il n'y a pas que des footballeurs aux racines africaines qui passent le périphérique pour être des « héros » surpayés. Il y a moi, ingénieur. Il y a des professeurs, des toubibs. Et une foule de petits employés dévoués, bien élevés, bosseurs, performants. Et tous ceux-là aussi ne remercieront jamais assez la France d'avoir eu la bienveillance de leur donner une chance.

Avant de se quitter, on a eu une dernière pensée inquiète. Commune celle-là. La pire peut-être. On a visualisé, avachi sur son canapé, le sceptique, le contrarié, l'intolérant. Le vrai Français de souche grimaçant devant son écran noir. Trop noir. Déjà que certains journaux étrangers nous ont reproché d'avoir gagné avec « l'équipe d'Afrique », alors imagine-le !

La cocarde fière, mais entachée, il maugrée :

— Ça fait longtemps qu'on n'est plus chez nous, là, ils sont encore plus chez eux ! Regarde-moi ce bordel dans la cour de l'Élysée ! Du rap. Des tenues débraillées. Ok, les familles et les copains. Ok, les gosses de banlieue. Et le reste de la France, il est pas invité ?

Pas sûr que ce bel exemple de mixité renforce la bienveillance de celui-là. D'autant qu'aucun média ne se risquera à faire l'écho de son malaise. Il y a des statues et des statuts indéboulonnables. L'heure ne doit être qu'au plaisir partagé. C'est un ordre. Alors il ruminera dans son coin. Et il assouvira son dépit dans une malveillance quotidienne encore plus appuyée envers tout ce qui vient d'ailleurs.

C'est comme ça.

C'est la France d'aujourd'hui.

Alors, pour conclure avec cette géolocalisation-là, je vais revenir encore à Coluche.

— C'est le résultat qui compte !

On a gagné ! C'est historique. Une deuxième étoile. Du rêve et du bonheur pour tous. Ce soir, tout le monde est fier. Tout le monde aime tout le monde. Toute la France nage dans la fraternité et la bienveillance. Le président l'a hurlé :

— C'est la victoire de tous les Français. Vive la France unie !

La finale a été regardée par vingt-deux millions de téléspectateurs.

Merde alors ! Moi qui venais d'écrire « toute la France ». Moi qui avais lu à la une de tous les médias « toute la France ». Moi qui avais vu au journal de 20 heures que le pays entier s'était arrêté de respirer au premier but des Croates. Et que, du Nord au Midi, il y avait eu un hurlement de joie national au coup de sifflet final.

Ils étaient où les quarante-quatre millions qui manquent ?

Ce soir, j'aurai l'infinie bienveillance de prier pour les quelques morts et blessés graves de la nuit de liesse. Victimes collatérales renvoyées au fond de la page des faits divers. On va quand même pas gâcher le *I will survive* pour quelques-uns qui n'y ont pas survécu !

Je prierai aussi pour ceux qui ne seront jamais des «héros». Ceux qui ne brillent jamais. Ceux, de plus en plus nombreux, que la société nouvelle a privés de soleil. Ceux qui ont applaudi à la victoire. Mais qui, empêtrés dans leur galère quotidienne, ont retrouvé leurs malheurs à la seconde même où la zappette a éteint leur bonheur provisoire.

Et je prierai bien sûr pour qu'on gagne une nouvelle coupe du monde.

Parce que c'était beau. Parce que c'était chaud. Parce que les occasions d'être heureux ensemble sont rares. Parce que chanter tard dans la rue n'est pas un crime si grave. Mais qu'il faut, hélas !, attendre le prétexte d'une liesse populaire pour le faire sans risque d'amende. Parce que l'exemple de mixité satisfait au plus haut point mon humanisme chronique. Parce que même si ce n'est que pour quelques heures, cette bienveillance mutuelle nationale a été un arc-en-ciel magnifique.

Géolocalisations multiples, à présent.

Et une foule de bienveillants ordinaires.

En flashes. En arrêts sur image. Avec, à la fin de chaque photo souvenir, des conseils de bienfaisance. Et, chaque fois, un aphorisme. Pour le plaisir d'aider et la jouissance d'écrire.

Flash !

Une dame croisée dans un cimetière de l'Isère en 2014. Elle fleurissait une tombe à côté de celle de mon Frédéric, à Saint-Chef. Sur la pierre, un prénom de fille, et deux années : 1982 / 2001. La mort à dix-neuf ans, je connais bien.

J'ai osé demander :

— Votre fille ?

— Non. Je ne la connaissais pas. Mais je mets des roses quand même.

Une des plus douces de nos bienveillances anonymes :

Fleurir des morts qui ne sont pas à nous.

Et, par extension, aimer des enfants dont nous ne sommes pas les parents comme si c'était les nôtres. S'apitoyer sur des chagrins qui ne sont pas nos propres peines. Aider certains qui ne savaient même pas avant qu'on les croise qu'ils avaient besoin de nous.

Il est facile d'aimer ses proches. La part la plus importante de notre bienveillance est paresseuse. Elle ne s'étend pas assez souvent au-delà du seuil de nos maisons. Le véritable altruisme est hors de portée. Il faut savoir étreindre plus loin que le bout de nos bras.

« Le premier pas vers l'autre de tout bienveillant est un pas en arrière. Pour se rapprocher aussi de ceux qu'il ne voit pas. »

Flash !

Une vieille dame encore. Ma voisine de palier à mes débuts. Chambre de bonne minuscule sous les toits. Sixième étage sans ascenseur. Toilettes communes au fond du couloir. Été 1976. La canicule. Irrespirable. Elle a frappé à ma porte.

— Vous avez un ventilateur ?

— Non, hélas ! Mais si j'en avais un, je vous l'aurais prêté.

— J'aurais fait pareil. C'est pour ça que je vous ai apporté un éventail. Prenez-en soin, c'était le cadeau de mon pauvre mari. Il est mort il y a huit ans.

Elle m'a tendu l'éventail décoré de danseuses de flamenco.

J'ai refusé poliment, bien sûr.

— C'est gentil, mais vous en avez plus besoin que moi.

— Parce que je suis vieille ? Ne m'insultez pas.

— Ce n'est pas ce que je voulais dire.

— Allez ! Ça me fait plaisir. Mon Pedro était artiste aussi. En étant gentille avec vous, c'est comme si j'étais encore gentille avec lui.

Bienveillance *in memoriam.*

J'en connais tant qui épuisent leurs réserves d'amour en prières à leurs disparus. Veufs, veuves, orphelins de tout, ils n'ont que des générosités de souvenirs. Ce n'est pas faire injure à nos absents que de les remplacer. Un remariage, un nouveau meilleur ami, un père ou une mère de substitution ne sont en aucun cas des redistributions honteuses.

« Il faut offrir à ceux qui restent ce qu'on ne peut plus donner à ceux qui nous manquent. »

Flash !

Vesoul. Même année. 1976.

Une star. Michel Sardou.

Dans sa caravane, après un spectacle sous chapiteau. J'assurais sa première partie. J'avais eu un gros accident qui m'avait privé de voiture. Je voulais en acheter une nouvelle d'occasion. Dix mille francs. Bien trop pour mon compte en banque vide et les deux cent cinquante francs que je gagnais chaque soir avant son show. Je l'ai sollicité. En lui demandant de se rembourser chaque soir.

— Pas de souci, m'a-t-il dit, sans hésitation.

Il a fait le chèque immédiatement. Et pendant le reste de la tournée, j'ai chanté tous les soirs pour rien. À une semaine de la fin, il m'a convoqué dans sa loge.

— Tu ne me dois plus rien. Et ce que tu m'as remboursé, je vais te le rendre.

— Merci, Michel.

Son visage s'est fermé. Tu sais, comme sur les photos de son image de marque.

Et il a ajouté :

— Mais à une condition.

— Laquelle ?

Il a souri :

— Ne le dis jamais à personne.

Je ne l'ai jamais dit à personne. Sauf à toi, aujourd'hui.

Bienveillance anonyme.

Si loin des idées qu'on peut se faire. Avec une bienveillance supplémentaire à la mort de Jackie, sa maman. Une bienveillance de mots. Tout aussi généreuse que son crédit sans remboursement. Une phrase. Juste une phrase dans une lettre pour moi :

« Comme tu l'aimais comme une mère, je t'embrasse comme un frère ! »

Ne jamais se fier aux photos sur papier glacé. Un regard froid peut cacher un cœur brûlant. Faire confiance au possible. La nuit, il y a tant de lumières de salon derrière la façade éteinte d'un immeuble. Ne jamais se résigner à l'improbable. Et prendre, s'il le faut, tout le temps nécessaire pour mettre à nu une bienveillance cachée. Par discrétion ou par pudeur.

« Le cœur de l'artichaut est tout au fond. Il faut avoir la patience de l'effeuillage pour arriver au meilleur de l'homme. »

Flash !

Lyon. 1985. Une star encore. Balavoine. Une nuit d'après concert dans un bistrot.

— Encore ! Décidément, Patrick, tu as passé ta vie dans les bistrots !

— Non, c'est les bistrots qui ont passé beaucoup de temps dans ma vie.

Mais c'était il y a longtemps. Daniel buvait un verre avec ses musiciens à une table voisine. Soudain il s'est levé et il est venu vers moi. Il s'est penché à mon oreille et m'a murmuré :

— Je peux te dire un mot à l'écart ?

Je l'ai suivi dans l'arrière-salle. Je t'avoue que, le temps de faire le chemin, je me posais pas mal de questions. Est-ce que j'avais dit quelque chose de méchant sur lui ? Est-ce qu'une de mes imitations l'avait blessé ? Ou peut-être avais-je eu une relation passagère avec une intime à lui qui aurait été sa chasse gardée ?

Une fois seul à seul, il m'a regardé profondément dans les yeux, et m'a dit :

— Je ne voulais pas en parler devant tout le monde. J'ai juste voulu qu'on soit tous les deux pour te dire que je t'aime bien. On se croise souvent dans nos métiers en oubliant le plus important. Voilà, c'est tout !

Bienveillancc ordinaire.

Oser se dire les belles choses. Nous nous gâchons tellement en paroles mauvaises. Nous nous répandons tant en jugements, en critiques, en insultes. Et, à l'inverse, nous retenons si souvent nos encouragements, nos soutiens. Par pudeur, par réserve, ou tout simplement par oubli. N'économisons rien de ce qui est doux à entendre. On n'imagine pas le mal qu'on peut faire parfois en se privant de dire du bien.

« Les mots dont ceux qui nous aiment se souviennent le plus sont ceux qu'on a oublié de leur dire. »

Quelques mois après les jolis mots de Daniel, son hélicoptère s'est crashé. C'était un voyage de bienveillance pour les plus pauvres en plein Sahara. Ça m'a immédiatement inspiré une réflexion. La même que j'aurai à la mort de Coluche, en plein Restos du cœur. Et à celle de Lady Di en pleine campagne médiatique contre les mines antipersonnel :

« Quand Dieu rappelle trop tôt à lui un bienveillant, je me dis que, peut-être, il n'aime pas la concurrence ! »

Flash !

Carcassonne. De retour chez Norbert. Une anonyme cette fois.

Myrtille.

Un prénom de fruit pour une fille en fleur. Vingt-cinq ans. Jolie frimousse et caractère d'acier. Elle grimace un peu en s'asseyant en face de moi. Les séquelles. Pourtant l'accident date de huit ans. Un choc terrible en voiture en sortant d'une boîte de Montpellier.

Un chauffard ivre l'a pulvérisée. Elle avait dix-sept ans. Il avait deux grammes neuf d'alcool dans le sang. Blessures multiples : fracture du bras, du nez, des vertèbres lombaires. Traumatisme crânien. Des mois d'hôpital et de corset. Elle repasse régulièrement sur le billard depuis.

L'homme a été condamné à six mois de prison dont trois fermes. À l'annonce du verdict, Myrtille a demandé à son avocat d'intervenir auprès du président du tribunal correctionnel. Pour alourdir la peine ? Non. Au contraire.

— Je ne voulais pas qu'il aille en prison, me confie-t-elle de sa voix d'enfant. J'ai demandé au juge qu'on remplace ça par des week-ends chez les pompiers et aux urgences.

— Pourquoi ?

— Parce qu'en prison, il n'aurait pensé qu'à sa souffrance à lui. Il fallait qu'il voie celle des autres. Et puis, même si j'avais mal dehors, je voulais être bien dedans. J'avais vu un reportage à la télé où on avait tué une jeune fille. Sa mère priait tous les jours pour son assassin. Pour être en paix avec elle-même. C'est ça qui m'a donné l'idée.

Elle m'a raconté tout ça avec un sourire d'une douceur incroyable. Sans une seule grimace de douleur pour le corset qui l'enserrait encore. Apaisée.

J'ai demandé :

— Le juge a accepté ?

— Oui.

— Et le chauffard, tu l'as revu ?

Là, son visage s'est complètement illuminé :

— Non. Mais si je le croise un jour, je lui fais la bise !

Bienveillance extrême. Un bien pour un mal.

J'ai toujours la jolie Myrtille dans un coin de l'âme. À chaque poussée de rancune, de vengeance. Je pense à mon corps intact et au sien mutilé. Je pense à cette gamine de vingt-cinq ans, belle comme le jour. Et belle comme sa nuit. Parce que c'est elle qui y a fabriqué toutes les étoiles.

« Il faut s'aimer beaucoup autant qu'aimer les autres,
Pardonner les erreurs qui peuvent être les nôtres.
Et quand on peut aimer ce qu'on devrait haïr,
On souffre d'autant moins qu'on ne fait pas souffrir. »

Flash !

Dans le département voisin. Il y a un mois. À la terrasse de Ma Ferme, chez mon ami Fred, à Sérignan. Encore un restaurant. Fin de repas. Café confidence. Et un client qui dirige son fauteuil roulant vers moi. Mathieu. Tétraplégique. Accident de rugby. Manque de précautions. Mauvais conseil du médecin du club. Et pire, après. La bagarre en justice contre des instances fédérales aussi inertes que son corps. Des compensations a minima. Il ne fallait pas froisser les assurances qui sont aussi des sponsors.

Il leur en veut, Mathieu. Mais s'il avait un fils, il le ferait quand même jouer au rugby. Sa passion est intacte et son moral au beau fixe. Il se plaint des autres, les hauts perchés. Mais pas de lui, au ras du sol. Il est tout en gouaille, en humour, en sourire. En optimisme surtout.

– J'ai mal nulle part. C'est déjà énorme. Je préfère ça sur mon fauteuil, qu'être valide et avoir mal à la tête.

Et il se confie encore :

– Au moment de l'accident, j'avais vingt piges. J'étais beau. Je pouvais avoir toutes les nanas que je voulais. La mienne faisait des études pour être avocate. Elle m'a proposé de tout abandonner pour s'occuper de moi. Je lui ai dit : « Casse-toi ! Dégage ! » Je l'ai virée. Et aujourd'hui, elle est avocate.

Bienveillance extrême encore.

Partager les bonheurs, et ne garder ses malheurs que pour soi. Ne pas gâcher deux vies pour le prix d'une. Penses-y, même pour des plaintes infimes. Tu sais, tes petites misères personnelles que tu déverses à longueur de journée sur les autres. Tes maux de corps, tes maux d'amour, tes soucis d'argent, de travail.

« Ne touchez pas à mes larmes ! Pleurez avec les vôtres ! »

Flash !

En bord de Loire, cette fois. Un soir de décembre récent.

Une réception d'après concert. À l'envers de mes tavernes de potes aux blagues lourdes. Château huppé. Maserati et Porsche dans la cour. Trophées de vénerie et notables à particules. Service de table par des intérimaires en laquais. Une petite touche d'exotisme quand même : les comptes en banque sentaient bon les îles Caïmans et le Panama.

À ma table, entre autres, Édouard et Sophie. Lui, gros chef d'entreprise et elle, sa légitime. Refaite à neuf. Pour lui, légion d'honneur. Pour elle, lésions d'horreurs. Tu sais, ces excès de bistouris qui font des yeux nippons, les nichons coupoles et les bouches poissons.

Par politesse, j'ai quand même lancé :

— Je ne connais pas votre âge, mais vous ne le faites pas !

Elle a souri, mutine :

— Dans quelques mois, je le ferai encore moins.

Et elle a murmuré, en se penchant à mon oreille :

— Les travaux ne sont pas finis, mon cher Patrick !

C'est ce trait d'humour qui me les a fait trouver sympathiques. Hors cadre, finalement. Même si leurs manières étaient précieuses, je sentais quelque chose de différent. J'avoue que j'ai passé un bon moment à leur table. Ils n'avaient aucun mépris pour ma fonction de saltimbanque. Et Édouard s'est même laissé aller à quelques blagues dignes de mes copains les plus gaulois.

Au cigare, dans un salon particulier, nous nous sommes retrouvés juste tous les trois. Bien évidemment, comme avec tous les établis de la haute caste, j'ai eu droit au déballage de fortune. Les maisons, les marques de voitures, le chiffre d'affaires. Et bien entendu, la sempiternelle plainte contre l'État qui tue l'ambition. L'ISF de l'époque, les trente-cinq heures, etc.

Au moment de parler vacances de rêve, c'est moi qui ai dit :

— Pour Noël, je suppose que vous partez à Saint-Martin ou à l'île Maurice ?

Édouard a répondu :

— Ah, non ! Paris. Pendant une semaine, je fais des maraudes avec la Croix-Rouge pour aider ceux qui ont froid !

Avant que j'aie eu le temps de réagir, Sophie a enchaîné :

– Et moi je vais à Villejuif voir des enfants malades.

Bienveillance de riches.

Véritable.

Pas de l'obole de convenance, de la bonne œuvre obligatoire.

Ils m'ont expliqué qu'ensemble, ils étaient partis de rien. Et qu'ils s'étaient juré, quelle que soit la hauteur de leur réussite, qu'ils n'oublieraient jamais d'où ils venaient. Ils m'ont cité des exemples d'autres de leur caste dont la compassion était exemplaire. Abreuvant sans cesse les associations de dons multiples.

Eux aussi avaient leurs largesses. Mais ils mettaient un point d'honneur à passer chaque année la semaine de Noël avec les plus malheureux. En tout anonymat. Sans doute devait-il y avoir une autre raison que leurs origines modestes à ce dévouement. Une blessure. Une leçon de vie. Quelque chose à rattraper ou à expier. Je n'ai pas cherché à le savoir.

Quand on s'est quittés, ils m'ont évidemment demandé expressément de n'en parler à personne. C'est pourquoi j'ai changé leur identité. Édouard ne s'appelait pas Édouard. Et j'ai forcé le trait de la chirurgie esthétique de celle qui ne s'appelait pas Sophie non plus.

On ne devinait sur son visage qu'un léger lifting. Mais sa réplique sur les « travaux » est authentique. Leur richesse, leur bienveillance, et notre entretien ce soir-là aussi.

C'est à Sophie que je dois l'aphorisme de fin de cette photo souvenir :

« Ne pas oublier les autres, c'est bien. S'oublier pour les autres, c'est encore mieux. L'argent qu'on leur offre ne vaudra jamais le temps qu'on prend pour s'occuper d'eux. »

Flash !

Le dernier pour finir sur un sourire.

Aurillac. Jean-Louis. Un ami vrai. Bienveillant parmi les bienveillants. Je lui parle de mon projet de livre.

— Comme tu as raison, me dit-il. Ici, dans le Cantal, tu vas en vendre un maximum. Parce que la bienveillance est dans nos gènes. Quand tu regardes les prévisions météo, c'est chez nous qu'il fait le plus froid. Alors il faut bien qu'on compense par de la chaleur humaine.

— Ça, je le sais.

— Chez nous, quelqu'un qui fait du stop, non seulement on s'arrête, on le prend, mais on l'invite en plus à manger et à coucher.

— Et ça t'est arrivé souvent ?

— Moi non, mais ma femme trois fois !

Une vieille blague. Je la connaissais, mais je l'ai laissé la raconter jusqu'au bout. Je crois même que c'est moi qui la lui avais apprise. Bienveillance de vieux amis.

Voilà !

Je pourrais multiplier ces exemples de bienveillances diverses à l'infini. Dans tous les coins de France, j'ai croisé des milliers de dévoués. Des professionnels bien sûr. Aide-soignants, infirmières, sauveteurs, pompiers, toubibs, flics, éducateurs, professeurs, accompagnants. Et puis tous ces bienveillants occasionnels qui, d'un geste, d'une parole, se sont appliqués à faire du bien à leur prochain.

Comme je t'avais promis un guide géographique, tu dois te demander :

— Alors, c'est où, les endroits de France où les gens sont le plus bienveillants ?

La géolocalisation globale ne montre pas une acuité bienveillante plus importante d'une région à une autre. Les gens du Nord ont dans les yeux le soleil qu'ils n'ont pas dehors, certes. Mais cela reste un cliché. Comme l'hospitalité du Sud-Ouest, de la Corse, du Pays basque, de l'Alsace. Chacun vante son pré carré plus pour des raisons touristiques que pour une réalité tangible. Petit orgueil local. Histoire de se persuader soi-même qu'on a bien raison d'être d'où on est.

Ce ne sont ni les lieux ni un prétendu cachet d'origine qui font les malveillants et les bienveillants, ce sont les circonstances. Donc, il y a effectivement des endroits à fuir ou à privilégier. Mais pas en fonction de leur situation sur la carte. Il faut choisir le bon moment. La bonne configuration humaine.

Comme me disait un ami, dans une station touristique du Sud :

— Je te jure qu'il y a plein de braves gens ici. Mais repasse plus tard, c'est pas la saison !

J'avais remarqué à quel point le vacancier était malmené. Exploité. Ballotté par le service rapide pour cause de foule. Privé de sourire par des commerçants en surchauffe. Échaudé à longueur de temps par de la répartie de circonstance :

— Désolé, on sert pas, c'est trop tard !

— Si vous n'êtes pas content, allez ailleurs !

— On n'a pas le temps !

— Je travaille, moi !

Ce relâchement dans l'attention à l'autre n'est pas inhérent aux lieux de *farniente*. Dans quelque recoin que ce soit, l'agglomération humaine déclenche un regain de chacun pour soi. Les ruées sur les soldes, les embouteillages en ville, les stades, les rues commerçantes débordent d'incivilités. Passer devant l'autre, griller la politesse, bousculer, invectiver. Plus nous sommes nombreux, plus nous renforçons notre besoin d'être les seuls à compter.

— Eh, oh ! J'étais là avant, moi !

— Poussez-vous ! Vous voyez bien que j'ai pas la place !

— Moi aussi, je suis pressé, connard !

Nos bienveillances ont tendance à nous quitter dès lors qu'on se retrouve. Même si cela ne se voit pas toujours à l'œil nu. Cela me fait penser à un phénomène auditif qui m'a toujours étonné. Une foule chante toujours juste. Alors que si on isole les participants, la plupart chantent faux. C'est comme ça. Le nombre unifie. Mais il n'empêche que la cacophonie est réelle. Comme nos bienveillances désaccordées chaque fois que nous sommes une foule.

Et il y a un bémol supplémentaire à cette symphonie. Peut-être le plus dommageable. La notion de groupe nous incite à une malveillance solidaire que nous n'oserions pas projeter seul. Ce sont, entre autres, les tribunes de supporters, les bandes de quartiers, les hurleurs de sorties de palais de justice, les casseurs des manifs. Tu sais, ceux qui profitent de l'anonymat provisoire du nombre pour expulser les plus nauséabonds de leurs instincts.

Ça, c'est pour le bas peuple. Le visible.

Mais en haut, les conseils d'administration, les réunions de réseaux, les confréries multiples font autant de dégâts en sourdine. Leur malveillance est légitimée par le groupe. Avec cette sensation perverse que le nombre atténue l'abjection. Les décisions de renvois, de mises à l'écart, d'exploitation honteuse dédouanent du cas de conscience personnel. Avec le consensus majoritaire en bouclier de culpabilité.

« Être un salaud en bande n'insinue pas de l'être moins. »

Tout ça pour te dire que si tu espères de l'altruisme, il vaut mieux fuir les groupes. Et donc les lieux où ils se trouvent. Les réunions moutonnières sont pauvres en bienveillance. Le jeu de mots est facile : il n'y a rien de plus inégal qu'un égo plus un égo. Les clans, les diverses familles professionnelles ou intellectuelles sont des nids d'oiseaux de malheur. À rester dessous, tu risques surtout leurs fientes.

Pour être plus clair et moins imagé, méfie-toi des multitudes. Le bien qu'on peut te faire ou que tu offriras naîtra le plus souvent d'un tête-à-tête. Ou d'une conversation à deux ou trois. Privilégie l'intime. Le tout près. Le main à main. Les yeux dans les yeux. En tous cas, chaque fois que tu le peux. Je sais, tes obligations professionnelle, ton quartier, tes moyens financiers t'imposent peut-être une proximité de masse difficile à fuir. Essaie de faire au mieux.

Géographiquement, cela veut dire t'isoler. Être plus campagne que ville. Plus sentier que rue. Plus itinéraire bis qu'autoroute. Plus gargote cachée que terrasse bondée. Plus petite soirée entre amis que festivités de place publique. Et pourtant, je suis le mieux placé pour te dire que la convivialité en grand nombre est jouissive. Mais tu subiras d'autant moins de nuisances des autres que leur nombre donnera d'occasions de t'en causer.

Je sais que mon propos est antinomique. Parce que l'humaniste que je me vante d'être ne peut pas à la fois te pousser vers l'autre et te demander de fuir la masse. Mais on ne parle pas là de plaisir, de défoulement, d'extériorisation. On parle de bienveillance mutuelle. Et je maintiens que celle-ci est d'autant plus abordable qu'on la traque en solitaire.

Je conclurai par les mots de Brassens, le sage :

« Le pluriel ne vaut rien à l'homme et sitôt qu'on est plus de quatre, on est une bande de cons ! »

Et puisqu'on approche de la fin du voyage, je voudrais m'arrêter à l'essence même de la bienveillance humaine.

Et à cette question qui enflamme régulièrement nos conversations d'amis :

— Est-ce que l'homme naît bon ou mauvais ?

Pour certains, nous naissons tous bienveillants, et c'est la société qui nous pervertit. Pour d'autres, certains naissent bons, d'autres mauvais. Pour d'autres encore, moins nombreux, notre fond d'âme est barbare et nos gentillesses ne sont que des façades.

Vaste débat qui a occasionné des nuits de palabres où, finalement, chacun restait sur ses positions. Pas plus tard qu'hier, les contradictions se sont encore invitées au café.

Nana, mon épouse est intraitable sur le sujet :

— Il y en a qui naissent bons et d'autres méchants. Et même s'il arrive à des ordures de faire illusion, leur nature profonde ressort toujours à un moment ou à un autre.

— Non ! ai-je opposé, comme d'habitude. Pour moi, tout être naît pur. Mais selon l'endroit où il apparaît, la misère, la malveillance de son entourage, il se dégrade. Il suffit de lui donner une occasion d'affirmer sa vraie nature, et il peut avoir de superbes éclairs de bienveillance.

C'est Pierrot qui a apporté un élément nouveau à notre réflexion. Du haut de la sagesse de ses soixante-dix-huit ans, il nous a dit :

— En tout cas, avec l'âge, quelqu'un peut devenir plus méchant, mais il ne deviendra pas plus gentil.

Sa sentence m'a renvoyé à une observation de Jacques Malaterre, mon ami frère, réalisateur :

— Je crois qu'on a tous un capital de bienveillance. Et qu'à force de déceptions, d'ingratitudes, il s'épuise.

Jacques, dans son film *Le Sacre de l'homme*, avait touché de près l'évolution de la notion de bien chez l'homme depuis la nuit des temps. Il m'a expliqué que c'est lorsque l'homo sapiens s'est sédentarisé que son « vivre ensemble » s'est peu à peu délité.

La conscience de la paternité avait déjà entamé sa bienveillance universelle. Avant, il faisait l'amour, mais n'avait pas capté le lien avec la grossesse. Donc, pour lui, tous les enfants étaient les siens. Le jour où il a compris que c'était sa semence qui engendrait un enfant, il s'en est accaparé la propriété. Et, il est donc devenu moins attentif à tout autre.

Comme lorsqu'il a eu « son » logis, « son » jardin, « ses » armes. Dès lors, l'autre s'est mué en ennemi potentiel. Et aujourd'hui, longtemps après, notre altruisme est devenu méfiant. Nos générosités sélectives. Il reste encore des nomades pour sauvegarder des traces de véritable bienveillance pour les autres. Si tu frappes à la porte d'un Mongol, il se vexera. Parce qu'il croira que tu mets en doute son hospitalité.

Nous avançons avec le progrès. Mais tu imagines le chemin en marche arrière qu'il nous reste à faire pour redevenir des humains dignes de cette appellation !

« La propriété est un des tombeaux de la bienveillance. »

C'est la propriété du sol qui nous fait refouler les émigrés sans aucune compassion. C'est la propriété de l'argent qui nous pousse aux vols, aux malversations. C'est la propriété du conjoint qui pousse à toutes les affres de la jalousie et à toutes les malveillances qui en découlent. C'est la propriété d'un emploi, d'un titre, d'une gloire qui nous amène à écarter les autres de notre chemin tracé.

Alors, naissons-nous bons, mauvais, ou les deux ?

Sommes-nous en manque de bienveillance par génétique ou par pratique ?

Est-ce la société qui nous a faits ainsi ?

Ou bien est-ce nous qui avons fait la société ainsi ?

Tu dois, toi aussi, avoir ton idée. Je te laisse y réfléchir. Je t'encourage aussi à en débattre chaque fois que tu peux avec des proches. Parce que le point le plus positif de ces échanges sur le sujet de la bienveillance est peut-être ce que je t'en disais dans le poème du début :

« Tout ce que j'écris là ce ne sont que des mots.
Que je n'applique pas, chaque jour, loin s'en faut

Mais je fais de mon mieux, et déjà, d'en parler
Est un tout premier pas vers plus d'humanité. »

Maman m'interpelle :

— Il faut conclure maintenant, mon petit.

— Mais, il y a encore tant de choses à dire.

— Bien sûr. Mais tu as abordé l'essentiel. Il t'est même arrivé de te répéter. Tu finirais par écrire pour écrire.

— D'accord. Tu veux dire un dernier mot ?

— Oui. Quand tu dédicaceras ce livre-là, attarde-toi un peu plus sur le regard de celui ou celle qui te le tendra. Peut-être y détecteras-tu ce supplément de bienveillance qui manque à ta vie. Tu as encore des progrès à faire. Il faut que tu apprennes définitivement à ne pas gâcher ton temps avec ceux qui ne te veulent que du mal. Et à en passer plus avec ceux qui ne te veulent que du bien.

— Promis Maman !

Alors je vais conclure.

Notre voyage ensemble s'arrête là. J'espère qu'il t'a fait du bien. Et j'espère encore plus qu'il t'aidera à en faire aux autres. Sûr que j'ai oublié des étapes. Des bienveillances ordinaires. Des épaules de secours. Des mains tendues. Des sollicitudes bas de gamme comme d'immenses compassions. À toi de remplir les espaces. Avec ce que ton vécu t'a enseigné du meilleur de l'être humain. Et je te laisse surtout le choix de continuer le voyage sans moi.

Avec, quand même, trois derniers conseils de précaution.

— Méfie-toi de l'argent et du pouvoir !

Ce sont les deux plus grands ennemis de la bienveillance. C'est en leur nom que se commettent les abandons, les trahisons, les bassesses et les fourberies les plus dommageables.

— Méfie-toi aussi de la vanité !

Le piédestal où on t'applaudit ne justifie ni dédain, ni indifférence. On peut vivre sans battements de mains. Pas sans battements de cœur.

— Méfie-toi surtout de toi.

« Tu ne peux être ton meilleur ami que si tu es le meilleur ami des autres. »

Et un dernier exemple personnel pour t'accompagner.

Il y a une quinzaine d'années, on m'avait sollicité pour aller au chevet d'un enfant très malade en Belgique. Encore une leucémie. Il m'adorait. Il connaissait par cœur mes chansons, mes bêtises. Son rêve absolu était de me rencontrer. Ses accompagnants m'avaient sollicité en urgence.

Nana et moi avons fait le voyage. Les médecins avaient désamorcé pour quelques instants la protection de la chambre stérile. Parce qu'il voulait me voir de tout près. Me toucher. Alors, il y a eu ma main sur la sienne. Un baiser sur son front. Des sourires. Quelques mots chuchotés, presque inaudibles. À peine un tressaillement de son corps épuisé.

Déchirant.

Au moment de partir, j'ai croisé une dernière fois son regard derrière la vitre. Résigné, mais follement heureux. Et moi, tellement touché de lui avoir donné cet ultime bonheur.

Il s'est éteint quelques minutes plus tard.

Ce n'était pas moi, le bienveillant.

C'était lui.

Je n'oublierai jamais les mots du médecin :

— Il vous a attendu pour mourir.

Et si c'était ça le plus beau cadeau de ma vie.

Et si la célébrité ne m'avait été offerte par le destin que pour réchauffer des âmes fatiguées.

Et si derrière chaque chanson facile, chaque paillette, chaque rire léger, il y avait autre chose qu'un divertissement de façade.

Et si l'essentiel était ce superflu-là.

Et si ma mission n'était que de consolation.

Et si le ciel m'avait gratifié de ce don d'empathie populaire pour le réconfort des autres bien plus que pour le mien.

Et si je n'étais qu'un messager subalterne de la bienveillance comme tant d'autres.

Comme toi, si, à partir d'aujourd'hui, en refermant ce livre, tu le décides.

Et si… Et si… Et si…

Et si on s'attendait, et si on s'attardait.
Et si on s'entraidait, si on s'accompagnait.
Et si on se penchait sur ceux qui sont tombés,
D'abord pour les soigner, et puis les relever.

Et si on essayait, et si on s'efforçait
D'apprendre à se connaître avant de se défier.
Et si on accordait à toute différence
La même compassion et la même indulgence.

Et si on était beaux, je veux dire : beaux dedans.
L'esthétique à soigner de nos bons sentiments.
On passe tant de temps la figure dans la glace,
L'âme mérite bien autant de face-à-face.

Et si on était jeunes, je veux dire : même vieux.
Du berceau au cercueil garder les mêmes yeux.
Le regard d'un enfant s'émerveille d'un rien.
Et si nous trouvions grand même ce qui l'est moins.

Et si on regardait tout l'or de son voisin
Sans le moindre dépit qu'il ne soit pas le sien.
Si on ne condamnait personne en aucun cas,
Si on se contentait de ne juger que soi.

Et si on oubliait de se mettre en colère
Si on foutait la paix à nos envies de guerre.
Pour faire une caresse ou pour tendre une main,
Il faut bien moins d'efforts que pour serrer le poing.

Si au lieu de courir, on s'arrêtait un peu
Pour reprendre du souffle et pour attendre ceux
Qui suivent à petits pas, presque au bout du rouleau.
Les aider à marcher, les porter s'il le faut.

Et s'il ne suffisait pas seulement de le dire.
Et s'il ne suffisait pas seulement de l'écrire.
Et si, dès maintenant, on allait faire enfin
Le premier pas vers l'autre en lui tendant la main.

Et si on était bienveillant

On a tous un ami noyé dans les problèmes,
Et si on l'appelait juste pour dire qu'on l'aime.
On a tous un ami qui nous a fait du tort,
Et si on l'appelait pour dire qu'on l'aime encore.

Et si on se disait qu'à partir d'aujourd'hui,
On met d'autres étoiles dans le ciel de nos nuits.
Des secours, des cadeaux, des soutiens, des bienfaits
Pour se coucher heureux et s'endormir en paix.

Et si on faisait mieux que le mieux que l'on croit.
Et si, même attentifs, on allait au-delà.
Et si on était bons, plus que de temps en temps
Et si on apprenait à aimer à plein temps.

Et si on était bienveillant.

APHORISMES

« Ils sont tant qui oublient de dormir parce qu'ils n'arrivent pas à s'endormir pour oublier. »

« Avant de chercher à être meilleur que les autres, il faut se battre pour être meilleur que soi. »

« Personne n'est à l'abri du pire, mais le meilleur existe. »

« Le regard des autres importe bien moins que son regard sur soi. »

« La goutte de grenadine colore l'eau pure. Il suffit d'une larme d'intolérance pour transformer la plus légitime des bienveillances en malveillance avérée. »

« La bienveillance pour les autres est avant tout le combat contre ses propres malveillances. »

« À atteindre trop tôt le ciel de leur marelle, les nuages couvrent le soleil de nos enfants. Blasés, ce qui devait être lumineux devient terne. Gris. Pluvieux plus tard, parce qu'ils sont plus vieux plus tôt. »

« Le premier pilier de la bêtise est de juger avec dédain l'intelligence des autres ! »

« On dit parfois qu'on devrait interdire à certains parents d'avoir des enfants. Il faudrait surtout interdire à certains enfants d'avoir des parents. »

« Il faut être d'abord ce qu'on veut avant d'être ce qu'on vaut. »

« La droiture, c'est toujours du cash. Pour ne jamais avoir la conscience à découvert. »

« Soyons bienveillants en tout, même pour des riens. »

« La charge me bouscule et souvent me chagrine,
Quand le trait est outré de ceux qui me dessinent.
Mais je préfère cent piques à recevoir encore
Qu'un seul coup de poignard à ceux qui me font tort. »

« Ce qu'il y a de bien avec les ordures humaines, c'est qu'on peut tout recycler ! »

« On reconnaît les faux saints de l'humanitaire à leur auréole. C'est un volant de Mercedes ! »

« La justice est une administration avant d'être une vertu. »

« Je ne crains pas les déséquilibrés. Et encore moins les marginaux. Ce sont les gens normaux qui m'effraient ! »

« Sursis est le mot le plus difficile à avaler pour des victimes condamnées au chagrin à perpétuité. »

« Il arrive parfois à la justice d'être juste… Mais alors, tout juste !

« Le non-dit est le socle de toute bienveillance en couple. »

« Pour qu'un couple dure, on ne doit jamais être plus de deux. »

« La moindre des reconnaissances pour ceux qui nous ont donné la vie est de ne pas gâcher la leur. »

« On est comme on naît. Et on va toujours d'où on vient. »

« Avant d'entamer les travaux de couple, on devrait demander le devis du divorce ! »

« Avant, je me bagarrais. Maintenant je raisonne. C'est fou ce que la sagesse peut devoir à la lâcheté ! »

« Nous ne serons vraiment bienveillants pour les autres que si nous le sommes d'abord pour nous-mêmes. »

« Il faut s'arrêter quand les emmerdements dépassent le plaisir. »

« Vive les excès… mais pas trop ! »

« La considération, c'est un placébo pour vaniteux. »

« Être un salaud en bande n'insinue pas de l'être moins. »

« Mon honneur sera toujours de ne jamais courir après les honneurs. Parce que c'est le seul pluriel qui vaut moins que son singulier. »

«Pour choisir d'être moins riche, il faut en avoir les moyens !»

«Le premier pas vers l'autre de tout bienveillant est un pas en arrière. Pour se rapprocher aussi de ceux qu'il ne voit pas.»

«Il faut offrir à ceux qui restent ce qu'on ne peut plus donner à ceux qui nous manquent.»

«Le cœur de l'artichaut est tout au fond. Il faut avoir la patience de l'effeuillage pour arriver au meilleur de l'homme.»

«Les mots dont ceux qui nous aiment se souviennent le plus sont ceux qu'on a oublié de leur dire.»

«Il faut s'aimer beaucoup autant qu'aimer les autres
Pardonner les erreurs qui peuvent être les nôtres.
Et quand on peut aimer ce qu'on devrait haïr
On souffre d'autant moins qu'on ne fait pas souffrir.»

«Tu ne peux être ton meilleur ami que si tu es le meilleur ami des autres.»

> « Ne pas oublier les autres, c'est bien. S'oublier pour les autres, c'est encore mieux. L'argent qu'on leur offre ne vaudra jamais le temps qu'on prend pour s'occuper d'eux. »

Et puis, bien sûr, pour finir, le conseil qui sera sans doute le plus utile à tes bienveillances à venir.

La fin du poème du début :

« Ce que tu dois offrir à celui que tu croises :
Une épaule pour rire, une autre pour pleurer
Et quand survient le pire, les deux pour le porter. »

FIN

TABLE

Mise en pages :
Sylvie Denis

Impression réalisée par CPI BRODARD ET TAUPIN
La Flèche (Sarthe), en septembre 2018

N° d'édition : 3805/01 – N° d'impression : 3030413
Dépôt légal : octobre 2018
Imprimé en France

FSC
www.fsc.org
MIXTE
Papier issu
de sources
responsables
FSC® C123930